JN205524

知っておきたい

日本の古典芸能 落語

瀧口雅仁 編著

丸善出版

はじめに

みなさんは『文七元結《ぶんしちもっとい》』や『赤穂義士伝《あこうぎしでん》』、『勧進帳《かんじんちょう》』に『壺坂霊験記《つぼさかれいげんき》』といった作品名や、その内容といったものをご存知でしょうか。

ここで挙げた作品が演じられる、日本を代表する芸能である歌舞伎《かぶき》・落語・講談・浪曲《ろうきょく》などには、日本人が古来から持ち続ける、〝日本人らしい〟心情や生き方といったものが色濃《こ》く描《えが》かれてきました。

この巻で紹介《しょうかい》する江戸（東京）落語は、主に江戸といった時代の町中や、長屋に生きる人々の生活する姿であったり、冗談《じょうだん》を言い合うような会話の様子であったり、困っている人がいれば助けてあげたり、大切な人との別れが描かれていたりと、笑いを中心とした滑稽《こっけい》な噺《はなし》ばかりでなく、登場人物の人情の機微《きび》（微《び》妙《みょう》な心の動き）に迫《せま》った噺も登場します。

落語が生まれ、演者と聴き手によって育まれてきた江戸から明治にかけては、東京ではそうした「人情《にんじょう》噺《ばなし》」が人気がありました。しかし時代が経つにつれ、誰《だれ》にでも楽しんでもらえる笑いの多い「滑稽噺《こっけいばなし》」が好まれるようになってきました。『まんじゅう怖《こわ》い』や『時そば』といった噺を聴《き》いたことのある人も多いのではないでしょうか。さらに落語は常に庶民の近くにあった芸能であるゆえに、古くから演じられている「古典落語」のほかに、みなさんの時代に近い文化を取り込《こ》んで描いた「新作落語」が次々につくられてきました。そうした落語の楽しさを知って、自分の好きな落語を見つけていくのも、落語という芸を楽しむためのコツです。

一方で、時が進むにつれて、そうした伝統芸能に触《ふ》れていくなかで、使われる言葉が難《むずか》しく感じられたり、風俗《ふうぞく》や習慣《しゅうかん》といった生活文化が現在と異なってきたことによって、内容的に分かりづらくなった物語も多くなってきました。タイトルは知っているけれども、内容までは知らないというのには、そうした理由もあるかと思います。

とは言え、時代が変わったとしても、日本人としての気持ちや、人を思う心といったものは変わらないはずです。だからこそ、そうしたことを描いている作品を知らないでいるのは、実にもったいないと常々感じています。

また近年、日本文化を見直す動きのなかで、日本文化に興味を持つ外国の人にそうしたことを伝える機会が増えてきています。そんなときに、文化を色濃く描いた素晴《すば》らしい作品が日本にあることを誇《ほこ》らしく伝えることができたり、「温故知新《おんこちしん》」という言葉があるように、そうした作品を知っておくことで、また新しい日本の文化の発見につなげていくこともできます。

そこで、今回のこのシリーズでは、以前であれば多くの人が当然のように知っていたストーリーで、これからの時代にも大切に伝え残していき、そして多くの人に改めて知っておいてもらいたい有名な作品を読み物として紹介しています。

ただし伝統芸能や大衆《たいしゅう》芸能の多くは、先人たちから受け継いだもので、それを伝承《でんしょう》してきた演者の流派であったり、それぞれの型といったものがあったりもします。また、落語や講談、浪曲のような、いわゆる話芸は演者の個性が出やすい芸能であり、そうしたジャンルの作品を紹介するときには、語りとしての話のエッセンスは残しながらも、演者のクセといったものを廃《はい》して、読みやすさや分かりやすさを優先すべきと考え、読み物として楽しめるように再構成しました。その際、それぞれの芸の良さをも味わってもらうために、リズムやテンポを生かして紹介したものがあることもお断りしておきます。

また各演目には、作品を楽しむためのポイントと解説（作品の成り立ちと背景《はいけい》）を示し、分かりにくい用語や単語には説明を付けたので、それらを参照しながら読み進めてみてください。

この本がみなさんにとって、日本の伝統芸能や大衆芸能に触れるきっかけとなって、実際に落語を聴いてみたり、また古今東西に誇るべき日本文化を享受《きょうじゅ》（自分のものとして楽しむ）するための手助けになれば幸いです。

二〇一九年　初秋

瀧口雅仁

もくじ

この本を読む前に

一「演題」の見出し●の白抜《しろぬ》き文字「滑稽《こっけい》」などの説明

滑稽《こっけい》　笑いが第一にあるような、面白《おもしろ》くておかしい作品です。
長屋　庶民《しょみん》が暮らした「長屋」（一棟《ひとむね》に多くの人が隣《とな》り合って住んでいる建物）を舞台《ぶたい》にした作品です。
人情《にんじょう》　人が本来持っている人間らしい感情の中でも、他人を思いやる慈《いつく》しみの心が描《えが》かれた作品です。
廓《くるわ》　主に江戸の吉原《よしわら》を舞台《ぶたい》に、遊女《ゆうじょ》と客の間で繰《く》り広げられる男女の駆《か》け引きを描《えが》いた作品です。
政談《せいだん》　主に江戸時代の裁判を題材にした物語です。大岡忠相《おおおかただすけ》（越前守《えちぜんのかみ》）といった実在した人物をはじめ、名奉行《めいぶぎょう》の見事なお裁きぶりを描《えが》いた作品です。
武士　主に江戸時代に支配階級の一番上にいた「武士」が主人公である作品です。
江戸っ子　喧嘩《けんか》っ早くて向こう見ず（結果を考えずに行動すること）、それでいて人情に厚い、そんな江戸っ子が活躍する作品です。
親子　子どもを間に挟《はさ》み、家族のあり方であったり、家族の理想の姿を描《えが》いた作品です。

夫　婦　夫婦としてのあるべき理想像であったり、夫婦としての葛藤《かっとう》（互いに譲《ゆず》らないで対立すること）といったものを描《えが》いた作品です。

忠　義　主君《しゅくん》や国家に対し、真心《まごころ》を尽《つ》くして仕える武士の姿を描《えが》いた作品です。

思いやり　その人の身になって考え、他人を気遣《きづか》ったり、同情したりする気持ちを描《えが》いた作品です。

情　愛　他人を深く愛する気持ちを描《えが》いた作品の中でも、特に夫婦や親子が主人公である作品です。

正　直　心が素直《すなお》であり、嘘《うそ》や偽《いつわ》りのない心を持った人物たちが登場する作品です。

出　世《しゅっせ》　苦労に苦労を重ね、さらに努力と弛《たゆ》まぬ鍛錬《たんれん》（なまけることなく自分を鍛《きた》えること）によって、末には社会的な地位を得た歴史上の人物の姿を取り上げた作品です。

二　ルビの説明

小学校六年間で習う漢字一〇二六字以外の漢字にルビを振《ふ》りました。なお、漢字そのものは小学校で習っていても、小学校では習わない読み方にはルビを振りました。

【例】　真似《まね》、侍《さむらい》

三　「知っておきたい用語集」の説明

この本では、実際《じっさい》に作品が舞台で演じられている様子をみなさんに知ってもらいたかったので、あえてやさしい言葉に変えないで、演じられている形を活字にしました。やさしい言葉に置き換えない方が、早くから古典芸能を知ることでき、それが大切と考えたからです。本書を読めば、古典芸能の実演に接したときに、楽しみがより深くなると思います。したがってこの本には聞きなれない言葉や歴史的な言葉がたくさん出てきます。

そこで、小学校高学年や中学校低学年には難《むずか》しいと思われる言葉には、各演題の最後に解説文を付けました。また、今は使われない歴史的な言葉や、各作品の中で重要な意味を持つ単語や表現も解説しました。各作品の最後に載《の》せた「知っておきたい用語集」で解説した言葉は、「本題」に出てくる順番に並べ、また巻末に五十音順の「さくいん」を付けましたので、そこから調べることもできます。

わからない単語や表現は、物語の前後の展開からその意味を類推《るいすい》（おしはかる）するのも作品を楽しむコツですが、分からないときは「知っておきたい用語集」や、巻末「さくいん」で調べながら読み進めてください

四　本文の説明

各作品は、実演や口演、残された速記や資料をもとに活字にしました。したがって演者や演出などによっては、このシリーズで紹介した物語の内容や展開と異なる場合があります。

また、上演時に使用される言葉についても、今となっては使われることの少ない言い回しや、古語《こご》や芝居《しばい》特有の言葉も登場しますが、あくまでも読み物としての読みやすさなどを考慮《こうりょ》して、現代に通じやすい表現に置き換えたものもあります。

ただし、職人や江戸っ子などが使用した、例えば「やりねぇ」「わからねぇ」などの会話言葉については、作品の雰囲気《ふんいき》を損なわないように、原則、そのままにとどめることにしました。

なお、本文の細かな表記については、以下の通りで記しています。

・句読点は原則、演者が息をつぐところに打ちましたが、読みやすさに準じて、適宜《てきぎ》、打ち直しました。
・間《ま》をもたしたところ（わざとセリフなどを言わない空白の時間）は、「……」で表しました。

・「へえ」「へェ」の区別については、原則、返事の場合は「へえ」、それ以外は「へェ」としました。
・「ねえ」「ねェ」の区別については、原則、念を押すような場面や「〜ない」が転じた場合には「ねえ」、その他は「ねェ」としました。
・ルビは演者などの発音にしたがって振ったものもあります。
・仕草《しぐさ》については、その場面を想像するのに必要と思われるところに挿入しました。

落語
講談

三方一両損
（さんぼういちりょうぞん）

●作品のポイント●

落語の登場人物というと、よく「熊さんに八っつぁんにご隠居《いんきょ》さん、人のいいのが甚兵衛《じんべえ》さん……」と紹介《しょうかい》されます。この噺《はなし》に登場するのは、熊さんや八っつぁんではありませんが、気が短くて喧嘩《けんか》っぱやい。それでいて他人を思う気持ちは人一倍あるという、典型的な江戸っ子です。

以前、時の総理大臣が医療改革《いりょうかいかく》をめぐって、「患者《かんじゃ》、医療機関、保険者の『三方一両損』による改定」という表現を使ったことがあります。三者の痛《いた》み分けがあってこそ、物事は打開できるという意味合いで用いたようですが、痛みを伴《ともな》うだけに、それを推《お》し進めるには三者の納得《なっとく》が必要です。

この話は昔の裁判を扱《あつか》った「政談物《せいだんもの》」の一つですが、現在のように法制度が整備《せいび》された上での裁判ではなく、裁《さば》く側による情状酌量《じょうじょうしゃくりょう》による、いわば裁かれる人を思っての温情《おんじょう》裁判の様子が描《えが》かれています。

人が人を裁くということ。人を裁くための法は人がつくったものであるということ。そして、人が人を思いやることといった、三方一両損ではなく、「三つ」の関係性を大切にして考えてみるのにピッタリな一席です。

滑稽
長屋
政談
江戸っ子
正直

【本　題】

古くから「江戸っ子の生まれぞこない金をため」という川柳《せんりゅう》がございます。昔の職人は金に無頓着《むとんちゃく》といいますか、〝腕《うで》さえよければ金は入ってくる。だから金なんかはためなくてもいい〟と考えていた人も多かったことから、お金をめぐっての騒動《そうどう》というのが、よくあったようです……。

「弱っちゃったなあ、財布《さいふ》を拾っちゃったぜ。（財布に見立てた手拭《てぬぐ》いを手の平に乗せ、重さを計るように）銭《ぜに》が入っているようだな。いくら入ってやんでえ。（中をのぞいて）おっ、三両入ってやがる。それに書付《かきつけ》に印形《いんぎょう》か。神田竪大工町《かんだたてだいくちょう》大工の吉五郎《きちごろう》って、こいつが落っことしゃがったんだ。届けてやんないとな……。このあたりが竪大工町なんだがな。ごめんよ」

「いらっしゃいまし、お煙草《たばこ》は何を差し上げましょうか？」

「なにを？」

「ですから、お煙草を」

「誰が煙草を買うって言ったい！　この辺は竪大工町だな」

「さようでございます」

「大工の吉五郎の家はどこだ？」

「ああ、吉っつぁんのお宅をお訪《たず》ねでございますか？」

「じれってぇな。そうだよ！」

「これをまっすぐに行きますと八百屋《やおや》さんがあります。その路地《ろじ》を曲がりますと、腰障子《こししょうじ》に丸に吉と書いてある、そこが吉ッつぁんのお宅ですよ」

「そのぐらい知ってやがって、早く教えろい、間抜《まぬ》けめ！　ありがとよ！」

「（見送りながら）変な挨拶《あいさつ》だな、あの人は……」

「なるほど、ここの家か。綺麗《きれい》に腰障子が張ってありやがら。家ん中が見えなくっちゃしょうがねえ、障子に穴を開けてやろうじゃねぇか。（右手の人差し指で穴をあけて、親指と人差し指で輪をつくり、それを穴に見立てて覗《のぞ》き込む）いやがった、いやがった。イワシの塩焼きで、酒ェ飲んでやがら。ドジだねぇ。（声を張って）やいやい、飲むんなら、もっとさっぱりした肴《さかな》で飲め！　そんな脂《あぶら》っこいもんで飲んでねぇでよォ」

「誰だ？　他人《ひと》の家《うち》の障子を破きやがって、家ん中覗《のぞ》いてんのは？　用があったら、こっちへ入《へえ》れ！」

「あたりめぇよ！　用がなきゃ、こんな小汚《こぎた》ねぇ長屋へ入って来るかい。……（右手で戸を開けながら）勝負《しょうぶ》ッ！」

「あきれた野郎《やろう》だね、こいつは。他人《ひと》の家《うち》をあけるのに、勝負ッて言いやがら。なんだ？　てめぇは」

「俺《おれ》は白壁町《しらかべちょう》の左官《しゃかん》の金太郎《きんたろう》ってぇもんだ」

「金太郎にしちゃ赤くねぇな」

「まだ茹《う》でてねえんだ」

「生《なま》で来やがったな。その金太郎が何か用かい？」

「おめえ、今日、柳原《やなぎはら》でもって財布《さいふ》を落っことしたろう」

「冷《つめ》てえ水で面《つら》ぁ洗って、出直してこい！　どこへ落っことしたかを知ってりゃ、俺《おれ》は拾ってきちまうわ！」

「ああ、そうか……。まあ、俺がそれを拾ったんだ。書付と印形と金が三両入ってる。さあ、こいつを改めて受け取れ！」

「（声を張って）おい、この野郎、また、お節介《せっけい》な真似《まね》ぇしやがったな。そりゃ、書付と印形は大事なもんだから貰《もら》っとかぁ。だけど金は俺のもんじゃねぇから、帰りに一杯《いっぺぇ》飲んでけ！」

「俺はな、金をもらいに来たんじゃねぇ、届けてやったんだ！」

「だからよ、書付と印形はもらっとくが、金は俺のもんじゃねぇから持ってけってんだ」

「俺のもんじゃねぇって言ったって、てめえの書付が入ってりゃ、てめえの金に決まってるじゃねぇか」

「以前は俺のもんだ。だけどもこっちの懐《ふところ》に居にくくなって飛び出しちまったんだ。二度と敷居《しきい》はまたがせねえ。そんなものは俺のもんじゃねえから、持ってけってんだ」

「てめえが困《こま》ると思って、俺は持ってきたんじゃねぇか。受け取れ！」

「困る？　誰が？　俺がか？　三両ぐれぇの金はいつでもどうにでもなるんだ。だからおめえが持ってけってんだ。持ってかねぇとためにならねぇぞ！」

「いやな野郎だな。こん畜生《ちくしょう》。俺はそんなドジじゃねえや！」

「（怒《おこ》り声で）この野郎、まごまごしてると、張り倒《たお》すぞ！」

「おもしろいねえ、金を届けて、張り倒されてたまるけえ。張り倒すもんなら張り倒してみろ！」

「お注文《あつらい》なら……（右手で拳固《げんこ》をつくって、相手の頭を殴《なぐ》る）」

「この野郎、本当に殴りやがったな……」

「（大声で）大家《おおや》さん！ 大家さん！ 隣《となり》の吉のところで、また始まりました。大暴《おおあば》れするんで、壁から物が落ちてくるんだ。手がふさがって仕事ができません！ 早く止めてやってください！」

「しょうがねぇな、ああ喧嘩《けんか》の好きな奴《やつ》ってえものはねぇなあ、まったく。あ、やってるやってる。相手の若《わけ》えのも威勢《いせい》がいいや。おや、イワシを踏《ふ》みつぶしやがった。髷《まげ》を掴《つか》まえて、毛のむしりっこをしてやがら。アハハハハ、どっちが余計抜《ぬ》けるだろう」

「大家さんがそこで褒《ほ》めてちゃいけねえ、早く止めなくちゃ！」

「そうかそうか、おい吉ィ、おめえみてぇに喧嘩の好きな奴はねぇなあ。おめえは構《かま》わねえが、隣の人が迷《めい》惑《わく》するよ。またお前さんもそうだ、この男は気が短《みじけ》ぇんだ。ここでグズグズ言ってりゃ、喧嘩になるに決まってら。いい加減《かげん》なとこで帰ったらどうだい」

「おい、虫のせえや癇《かん》のせえで、こんな長屋へ入って来て喧嘩してるわけじゃねえや。こいつが財布を落っことしたから、届けてやったんじゃねぇか。そうしたらいきなり引っぱたいてきたから、喧嘩になったんだ」

「そうかい、そりゃあ、すまなかった。……おめえもまた、なんだってそんな馬鹿《ばか》なことをするんだい？ そりゃあな、おめえの料簡《りょうけん》だ、いったん懐《ふところ》から出ちまった金は受け取りにくいかも知れねえが、そいつは受け取っといて、後日、手土産《てみやげ》かなんか持って、礼に行くのが人の道じゃねぇか。それを殴《なぐ》ったりなんかしやがって、そりゃあ、おめえがよくねえ」

「何を抜《ぬ》かしやがんでぇ、糞《くそ》ったれ大家《おおや》！」

「何ていうことを言うんだ」

「家主《いえぬし》からけじめ喰《く》らって、指ィくわえて引っ込んでるようなお兄ィさんと、お兄ィさんの出来が違《ちが》うんだ。自慢《じまん》じゃねぇが、晦日《みそか》に持ってく家賃《やちん》は二十八日にきちんきちんと届けてら！　それほどおめえに義理《ぎり》を果たしてんのに、てめえは何だ。盆《ぼん》が来ようが、正月が来ようが、鼻ッ紙一枚よこさねえだろう！」

「大変なことを言いやがったね。こいつはこういう乱暴《らんぼう》な男ですよ。ここでグズグズ言ってると喧嘩に花が咲く。こういう人間は癖《くせ》になりますから、お奉行様《ぶぎょうさま》へ訴《うった》え出て、お白州《しらす》の砂利《じゃり》の上でこいつをあやまらせますから、今日は腹も立とうが帰ってくださいな」

「そう話が決まりゃいいが……。おい吉公《きちこう》、覚《おぼ》えてろ！」

「誰が忘れるかい！　俺は二十八で、耄碌《もうろく》もしてねえんだ。悔《くや》しかったらいつでも仕返《しかえ》ししろい！　びくともするんじゃねぇぞ！　矢でも鉄砲《てっぽう》でも持ってこい！」

「矢だの鉄砲がいるかい、てめえ一人ぐれぇ、この拳固《げんこ》で沢山《たくさん》だ」

「なにィ？」

「また、はじめやがった……」

「……あんな忌々《いまいま》しい野郎はいねぇな、まったく。いやに落ち着いてるから大丈夫《だいじょうぶ》だろうと思ってたら、いきなり俺のこと引っぱたきやがった。何とかして仕返ししてやんなきゃなあ。大家の奴《やつ》が白州であやまらせるって言うから勘弁《かんべん》してやるようなもんだが、忌々《いまいま》しいったってありゃしねえや……」

「おい、金公《きんこう》、何を独り言《ひとごと》を言って歩いてるんだ？」

「あ、こいつはいけねえ、うちの大家さんとこの前を通っちゃった……。ちょいと用足しに行ってきたんで」

「今もうちで話をしてたんだ。まあ、この長屋に、ずいぶん店子《たなこ》はあるが、あたしはお前が一番好きだ。というのも、お前は江戸っ子だ。江戸っ子ってぇやつは、履物《はきもの》が新しくて、頭がさっぱりしてなくちゃあいけない。……今日は……、頭はあんまり江戸っ子じゃねぇなあ、いやに乱《みだ》れてるじゃねぇか」

「今、喧嘩をしてきた！」

「(うれしそうに) そいつは威勢《いせい》がいい。どこでやったんだ？」

「柳原《やなぎはら》を歩いてて、財布を拾っちゃったんだよ」

「なんだって、そんなドジなことをするんだ」

「したかあねぇけど、草履《ぞうり》へ引っかかっちゃったんだよ」

「(足元を見て) そんなささくれた古い草履を履《は》いてるから、そういう間違《まちが》いが起こるんだ」

「その中を改めると、書付と印形と三両が入ってるから、あっしはそいつンところへ届けてやったんだ」

「偉《えら》いッ！ それだから俺はお前が好きなんだ！ 向こうじゃ喜んだろう？」

「怒《おこ》りゃぁがった」

「なんだって？」

「『書付と印形はもらっとくが、金は俺のもんじゃねぇから持ってけ』ってぇから、『てめえが困ると思って、俺は持ってきたんじゃねぇか。受け取れ！』って返すとね、『持ってかねぇとためにならねえぞ』って、そう言いやがった」

「変な野郎だな、そいつは」

「それから、『どうしても持ってかねぇ』と強情《ごうじょう》を張るとね、『じれってぇ、持ってかなきゃ張り倒《たお》すぞ』って言うから、『張り倒せるもんなら張り倒してみろ』って言ったら、『おあつらいだ』って、ポカッときやがった」

「ポカッときやがったって、まさか殴《なぐ》られたんじゃねぇだろうな」

「パッと受けましたよ」

「どこで？」

「頭で……」

「馬鹿《ばか》。それじゃ殴られちゃったんじゃねぇか」

「その代わり、あっしだってボンヤリしてねぇ、いきなり飛び込《こ》んでって、イワシを三匹踏《ふ》みつぶしてきた」

「おめえ、イワシと喧嘩してるわけじゃねぇんだろ？」

「そしたらね、隣の奴が驚《おどろ》きやがって、大家を呼びやがった。そうすると大家がいきなりあっしに文句《もんく》を言いやがった。『この男は気が短《みじけ》ぇんだ。ここでグズグズ言ってりゃ、喧嘩になるに決まってら。いい加減なとこで帰ってらどうだ』って言うが、承知《しょうち》できねぇや。だから『虫のせぇや癪《しゃく》のせぇで、こんな長屋へ入って来て喧嘩してるわけじゃねぇんだ。こいつが財布を落っことしたのを届けてやったら、いきなり引っぱたいてきた』ってぇとね、さすがは大家だ。その吉って奴に小言《こごと》を言いましたよ。『そりゃあ、お前はよくない。受け取りにくい金でも、受け取っておいて、後日、手土産を持って礼に行くのが人の道だ。それを張り倒したりなんかしてよくねぇ』ってね。そしたらその吉ってぇ奴が、大家へ向かって啖呵《たんか》を切りましたが、敵《てき》ながらあっぱれな奴だと思って……」

「殴られて、褒《ほ》めてやがる。どんな啖呵だ」

「それがね、『何を抜かしやがんでぇ、糞ったれ大家!』ってね」

「すいぶんと汚《きた》ねぇ啖呵だな」

「『家主からけじめ喰らって、指ィくわえて引っ込んでるようなお兄ィさんと、お兄ィさんの出来が違うんだ。自慢じゃねぇが、晦日に持ってく家賃は二十八日にきちんきちんと届けてる。それほどおめえに義理を果たしてんのに、てめえは何だ。盆が来ようが、正月が来ようが、鼻ッ紙一枚よこさねぇだろう』って怒《ど》鳴《な》りゃあがったけども、どこの大家も違《ちが》わねぇと思いました。そうすると大家が『こういう乱暴な奴は癖になりますから、お奉行様へ訴え出て、お白州の砂利の上でこいつをあやまらせますから。今日は腹も立とうが帰ってください』って言うから、それからあっしは帰って来たんで」

「まあ、それでおめえの顔は立ったからいいだろうが、俺の顔はどこで立てる?」

「こいつは立てにくい。丸顔だから……」

「何を言ってやがる。訴えられんのを待ってることはない。こっちから逆に訴えてやれ！　願書《がんしょ》を書いてやるから」

と、大家さんが願書をしたためて、南町奉行《みなみまちぶぎょう》の大岡越前守様《おおおかえちぜんのかみさま》に訴え出ます。これが双方から訴えが出ますから、すぐにお裁《さば》きになり、お呼び出しになります。

ただいまの裁判《さいばん》とは違いまして、昔のお白州《しらす》です。呼び込《こ》みがありまして、ガラガラッと鎖《くさり》の付いた扉《とびら》が閉まりますと、悪いことをしていない人でもゾーッとしたそうで。正面の高い所の右手には公用人《こうようにん》、左手には目安方《めやすかた》、縁《えん》の下には羽織《はおり》の裾《すそ》をからげておりまして、朱房《しゅぶさ》の十手《じって》を持っております同心衆《どうしんしゅう》がおります。

「控《ひか》えろ、控えろッ！」

「ひきがえる？」

「控えるんだ」

「控えてますよ」

「胡坐《あぐら》をかいて控える奴《やつ》があるか」

「だって大家さん、股引《ももひき》がきつくって座れない……」

「それでも座らなくちゃいけない。頭を下げて……」

「頭を下げんの？　だから、こんなとこへ来たかなかったんだ……」

「しぃーッ、しぃーッ！」

「誰《だれ》だい？　小便してんのは？」

「お奉行様がお出ましになるんだよ」

「（右手で持った扇子《せんす》の要《かなめ》を膝《ひざ》に突き、威厳《いげん》を保ちながら）神田竪大工町《かんだたてだいくちょう》大工職《だいくしょく》吉五郎《きちごろう》、同じく白壁町《しらかべちょう》左《さ》官職《かんしょく》金太郎、付添人《つきそいにん》一同、控えおるか」

「（両手をついて頭を下げて）一同、揃《そろ》いましてございます」

「吉五郎、面《おもて》をあげい！」

「へっ？　表戸《おもて》？　閉めてきましたよ……」

「いいから、早く頭を上げるんだ」

「頭を下げろっていうから下げたんだよ。頭だからいいよ、米なら相場《そうば》が狂《くる》っちゃうよ。（頭を上げつつ）このくれぇでいいですか？」

「その方《ほう》、去《い》んぬる日、柳原において金子《きんす》を取り落とし、これなる金太郎が親切にも届けつかわしたるところ、それを受け取らず、乱暴にも打擲《ちょうちゃく》に及《およ》んだという願書の趣《おもむ》きであるが、それに相違《そうい》ないか？」

「ええ、そうです。そりゃあ、あっしはどこで落っことしたか知らねぇが、家《うち》へ帰《けえ》ると財布《さいふ》がねぇから、さばさばして、厄落《やくお》としができたと思ってね、うれしくなってイワシの塩焼きで一杯《いっぺぇ》やってると、この野郎がお節介《せっけえ》に届けに来やがったんだ。それから『書付《かきつけ》と印形《いんぎょう》は、おいらが貰《もら》っとくが、金は俺のもんじゃねぇから持ってけ』って言うと、こいつが持って行かねぇからね、『おめえ持ってかねぇとためにならねぇぞ』と、こいつの身のためを思って親切にそう言ってやるとね、その親切を無《む》にしやがって、どうしても持って行かねぇと強情《ごうじょう》を張るからね、『じれってぇ、持ってかなきゃ、張り倒《たお》すぞ』って言ったら、『張り倒すもんなら張り倒してみろ』って当人が言いますからね、そいつを殴《なぐ》らねぇのは、物に角《かど》が立っていけねぇと思って、『お注文《あつらい》なら』ってんで、ポカッと……」

「おもしろきことを申すな。……金太郎、面《おもて》を上げい。なぜその折に金子《きんす》を貰《もら》いおかん」

「おう、親方！ 大将！ 冗談《じょうだん》言うない！」

「これこれ、天下の裁断《さいだん》の場所に冗談はない」

「真剣《しんけん》なら、なお伺《うかが》おうじゃあねぇか。そういう物を拾ったらなだね、自身番《じしんばん》へ預《あず》けろとか、どこそこへ届けろと教えればこそ、上《かみ》お役人だと思うね。あっしは自慢《じまん》じゃねぇが、五両や三両ばかりの金を拾って、ネコババ決めちゃうような、そんなしみったれた料簡《りょうけん》なら、あっしは今頃は立派な棟梁《とうりょう》になってますよ。（泣き声になって）どうか一生涯《いっしょうがい》、棟梁にはなりたくねぇ、人間は出世《しゅっせ》をするような災難《さいなん》に出会いたくないと思えばこそ、毎日、金毘羅様《こんぴらさま》へお灯明《とうみょう》上げて、こっちは拝《おが》んでるんだ……」

「泣いておるな。しからば、両人とも金子《きんす》はいらんと申すか。それではこの金子、越前守が預《あず》かりおくがどうじゃ？」

「そうしてくんねぇ。そいつがあった日にゃあ、喧嘩《けんか》が絶《た》えねぇんだから」

「しかし、両人の正直により、越前が二両ずつ褒美《ほうび》をつかわすが、この儀《ぎ》は受け取れるか」

「（両手をついて、うやうやしく頭を下げて）町役《ちょうやく》、なりかわって申し上げます。町内より、かような正直者が出《い》でましたのは、われわれの誉《ほま》れでございます。ありがたく頂戴《ちょうだい》をいたします」

「さようか、両人に褒美をつかわせ！　両人とも受け取れ。これからは仲良くいたせよ。この度《たび》の調べ、三方一両損と申すが存じおるか？　存じおらんなら、越前、言って聞かせる。これ、吉五郎、その方、金太郎の届けし折、そのまま受け取りおかば三両ある。金太郎もまたその折貰《もら》いおかば三両ある。越前も預かりおかば、そのまま三両ある。しかるにこれに一両を足し、双方に二両ずつの褒美をつかわす。これすなわち、三方一両損と申す。相《あい》わかったか」

「（頭を下げて）ありがたきお調《しら》べにございます」

「あいわからば、一同、立ちませいッ！……（手招《てまね》きをして）これこれ、調べに時を移した。両人、空腹《くうふく》であろう。膳部《ぜんぶ》を取らすぞ」

「え？　ご馳走《ちそう》になれんの？　すまねえな、手ぶらでやって来て、こんな散財《さんざい》させちゃ悪いな。お、出てきた、出てきた。なあ。お、これはいい鯛《てえ》だ。三崎の本場？　おい、吉ッ、おめえ、この間イワシの塩焼きで酒を飲んでたろ？　鯛とイワシじゃ物が違《ちが》うよ。借金したってこういうので飲まなきゃいけねえや。それじゃあ、遠慮《えんりょ》なくいただこうじゃねぇか。（箸《はし》に見立てた扇子《せんす》で魚をつつき）どうだい、この鯛は。魚は活《いき》のいいのが一番だ。（口に魚を入れ）うん、うまいよ、やっぱり塩焼きは鯛だな。また、お飯《まんま》が温《あった》けぇからうめえじゃねぇか。これからなんだよ、腹が減ったら二人でちょいちょい喧嘩しようじゃねぇか」

「これこれ、両人、いかに空腹じゃからと言って、あまり沢山食《たんとしょく》すなよ」

「へへ、多かあ〔大岡〕食わねえ」

「たった一膳〔越前〕」

●作品の背景●

講談の『大岡政談』を落語に移したものといわれていますが、落語が起こった江戸時代から既《すで》に演じられていたともいわれています。サゲはお裁《さば》きをする「大岡越前」の名前にかけた地口《じぐち》（シャレ）ですが、ややこじつけであるところが、いかにも落語といった趣《おもむき》があります。

また、このシリーズでは『大岡政談』として、「講談」の巻で『髪結新三《かみゆいしんざ》』と『徳川天一坊《てんいちぼう》』を取り上げていますので、読み比べてみると、落語と講談の違いがわかります。

舞台が江戸の中心にあった神田で、登場するのが江戸っ子の職人なので、「こん畜生《ちくしょう》」であるとか「やい、泥棒《どろぼう》！」といったぞんざいな言葉も使われています。もちろん、本当にそう思って使う言葉ではありませんが、気の短い江戸っ子連中の言い合いの中に出てくる、一種の言葉遊びだと思ってください。

なお、江戸時代の裁判《さいばん》の慣例《かんれい》は、まず最初に吟味与力《ぎんみよりき》という役人が取り調べるのが一般的であるのと、町奉行は朝四《よ》ツ（午前十時）にはじまること。また、この話に登場するように「奉行が直接」「昼に取り調べをする」ということはなく、さらに奉行所で昼食をとらせることもありませんでした。そうした時代考証をしていくとキリはありませんが、いかにも落語的な「話の嘘《うそ》」を含んだ作品である証拠《しょうこ》とも言えます。

昭和の名人の一人、八代目三笑亭可楽《さんしょうていからく》（一八九七～一九六四）が得意にした話で、正月の席などでは『三方目出度《めでた》い』という題で演じたことがあります。

知っておきたい用語集

隠居《いんきょ》　主に江戸時代に、家督《かとく》（家の財産や地位・立場）を嫡男《ちゃくなん》（長男）に譲《ゆず》って、自分自身は悠々自適《ゆうゆうじてき》（商売や仕事などを離れて心静かに暮らす）の生活を送ること。また、その人。

情状酌量《じょうじょうしゃくりょう》　裁判で刑罰《けいばつ》を下《くだ》す際に、刑罰を受ける者に同情する事情がある場合、その刑罰を軽くすること。

無頓着《むとんちゃく》　気にしないこと。物事にこだわらないこと。

書付《かきつけ》　書類、メモ、請求書《せいきゅうしょ》。江戸時代に幕府や大名《だいみょう》家《け》で、上からの命令や申し渡《わた》しを記した公文書《こうぶんしょ》。

印形《いんぎょう》　印章《いんしょう》。はんこ。

神田竪大工町《かんだたてだいくちょう》　現在の東京都千代田区内神田《うちかんだ》三丁目と鍛冶町《かじちょう》一丁目周辺。竪大工（幕府《ばくふ》の御用を請《う》け負《お》った大工）が多く住んだ。

腰障子《こしじょうじ》　下の方を三十センチメートルほど板張りにするか、襖《ふすま》とした明かり取りの障子。

白壁町《しらかべちょう》　現在の東京都千代田区鍛冶町《かじちょう》二丁目周辺。

左官《さかん》　土壁《つちかべ》やしっくい壁など、壁塗《ぬ》りを仕事とする職人。

柳原《やなぎはら》　現在の東京都千代田区北東部で、神田川南岸の万世橋《まんせいばし》から浅草橋《あさくさばし》に至る地域。もとは古着屋《ふるぎや》が並び、現在は繊維《せんい》や雑貨《ざっか》を扱う問屋街《とんやがい》になっている。柳原土手《どて》。

二度と敷居《しきい》**はまたがせねえ**　家に入れない、家に出入りさせないという意味。ここでは落とした三両の金を人間に見立てて、二度と財布《さいふ》には入れさせないと言っている。

お注文《あつらえ》
→御誂《おあつら》**え**　希望どおりであること。

髷《まげ》　髪《かみ》を結《ゆ》う場合の最も基本的な形で、長い髪を頭上にまとめて一か所でたばね、その上部を種々の形にたたんだり折り曲げたりする部分を指す。

虫のせえや癇《かん》**のせえ**
→疳《かん》**の虫**　癇癪《かんしゃく》（怒《おこ》ること）をおこさせる虫。

料簡《りょうけん》　ここでは、ものごとの道理を判断する自分自身の考え。

大家《おおや》**・家主**《いえぬし》　家守《やもり》、家主《やぬし》とも呼ばれた江戸の貸地《かしち》、貸《かし》家《や》の管理人で、地主や家持《いえも》ちに代わって、地代《ちだい》や店賃《たなちん》などを取り立てた代理人、差配《さはい》人のこと。

けじめ喰《く》らって　ばかにされて。

晦日《みそか》　月の末《すえ》の日。

白州《しらす》　庭に白い砂利《じゃり》が敷《し》かれていたところから付いた呼び名。江戸時代に奉行所の裁《さば》きを受ける庶民《しょみん》が控《ひか》えた場所。奉行所。

喧嘩《けんか》に花が咲《さ》く　喧嘩《けんか》が一層大きくなる。

耄碌《もうろく》　年をとって、頭脳や身体の働きが衰《おとろ》えること。老いぼれること。

矢でも鉄砲《てっぽう》でも持ってこい　どんなやり方でもかまわないからかかってこい。腹をくくった場合や、やけになった場合に吐《は》く言葉。

忌々《いまいま》しい　いやな感じである。感心しない。

店子《たなこ》　家を借りている人。借家人《しゃっかにん》。

ささくれる　物の先端やへりなどが、細く裂《さ》けてめくれる。爪《つめ》の根元の皮が細かく剝《む》ける。逆剝《さかむ》けになる。

啖呵《たんか》を切る　歯切れよく威勢《いせい》のよい調子でまくし立てたり、相手をやりこめたりする。

顔を立てる　面目《めんぼく》が保たれるようにする。体面が傷《きず》つかないようにする。

願書《がんしょ》　許可《きょか》を得るために、願いの趣《おもむき》（だいたいの内容）を書いて提出する書類。

南町奉行《みなみまちぶぎょう》　江戸幕府《ばくふ》の職名《しょくめい》で、江戸町奉行の一つ。北町奉行《きたまちぶぎょう》と月番交替《つきばんこうたい》で、江戸の行政・司法・警察をつかさどった。

大岡越前守《おおおかえちぜんのかみ》　大岡忠相《ただすけ》。延宝《えんぽう》五年（一六七七）～宝《ほう》暦《れき》元年（一七五一）。江戸中期の幕臣《ばくしん》で、八代将軍徳川吉《とくがわよし》宗《むね》に抜擢《ばってき》され、江戸町奉行となり、越前守と称した。公正な裁判と優れた市政で知られた。

公用人《こうようにん》　江戸時代に大名などの家で、幕府《ばくふ》に関する用務を取り扱《あつか》った役。

目安方《めやすかた》　江戸時代に評定所《ひょうじょうしょ》（最高の裁判機関《さいばんきかん》）で民《みん》事訴訟《じそしょう》の訴状《そじょう》の調査を担当した諸《しょ》役人。

からげる　物の裾《すそ》や袂《たもと》をまくり上げて、落ちないようにとめること。

十手《じって》　江戸時代に捕吏《ほり》が犯罪人《はんざいにん》を捕《と》らえるのに用いた道具。長さ約四十五センチメートルの鉄や真鍮《しんちゅう》などの棒の手元に鉤《かぎ》があり、相手の刀を防いだり、攻撃に用いたりする。柄《え》には総紐《ふさひも》（総《ふさ》（房）を形成する紐。総とは多数の紐の一端《いったん》をたばねてその先を散らしたもの。相撲の土俵の白房、青房など）がついていて、その色により所管《しょかん》の別を明らかにした。

同心《どうしん》　江戸幕府《ばくふ》で、所司代《しょしだい》や諸奉行《しょぶぎょう》などに属し、与《よ》力《りき》の下にあって庶務《しょむ》・警察事務《けいさつじむ》を分掌《ぶんしょう》（分けて受け持つ）した下級の役人。

股引《ももひき》　保温のために履《は》く男子用下着。半纏《はんてん》と組み合わせて、主に商人や職人が用いた。

相場《そうば》　市場《しじょう》で競争売買《きょうそうばいばい》によって決まる商品の値段や価格。

打擲《ちょうちゃく》　打ちたたくこと。なぐること。

厄《やく》**落とし**　不幸や災難《さいなん》を意味する厄を振《ふ》り払《はら》うこと。ここでは、財布を落としたのは災難ではなく、落として、かえってさばさばしたとわざと逆のことを言い、金にこだわらないのが江戸っ子であると得意げになっている。

角《かど》**が立つ**　人との間柄《あいだがら》が穏《おだ》やかでなくなる。

裁断《さいだん》　物事の善悪や適否《てきひ》を判断して決めること。

自身番《じしんばん》　江戸時代に、江戸市中の警戒《けいかい》のために各町内に置かれた番所。初めは家持ちの町人自身が持ち回りで詰《つ》めたところから、その名がついたが、のちに家守《やもり》や町が雇《やと》った番人が詰めた。

ネコババ　猫《ねこ》が糞《ふん》に砂や土をかけて隠《かく》すことから、悪事をごまかして知らない顔をすること。拾った物をひそかに自分の物にしてしまうこと。

棟梁《とうりょう》　ここでは、左官《さかん》の頭《かしら》のこと。

金毘羅様《こんぴらさま》　金刀比羅宮《ぐう》。香川県琴平町《ことひらちょう》の琴平山《ことひらやま》にある神社で、大物主神《おおものぬしのかみ》や崇徳天皇《すとくてんのう》を祀《まつ》っている。航海や漁業の守護神《しゅごしん》として崇《あが》められ、各地に多くの分社がある。

灯明《とうみょう》　神前《しんぜん》や仏前《ぶつぜん》に献《けん》じる灯火のこと。

町役《ちょうやく》　町役人。江戸時代、町奉行《まちぶぎょう》の支配下にあって、都市の民政をつかさどった役人。町人が務めた。

膳部《ぜんぶ》　膳にのせる料理。

三崎《みさき》　神奈川県三浦市の地名で、三浦半島の南端《なんたん》にあり、前面に城ヶ島《じょうがしま》を控《ひか》えた天然の良港。

落語

藪入り
（やぶいり）

長屋
人情
江戸っ子
親子
夫婦
忠義
情愛

●作品のポイント●

落語の中には子どもが多く登場します。そのほとんどはこましゃくれていたり、大人が困ることをしでかす性格の者ばかりですが、この噺《はなし》に登場するのは、親元を離れて暮らし、三年ぶりに実家に帰ってくる、ちょっと大人になった子どもです。

「可愛《かわい》い子には旅をさせよ」ということわざがあります。子は親元を離《はな》れて辛《つら》い経験をしてこそ成長するものだという意味で、「獅子《しし》はわが子を千尋《せんじん》の谷（きわめて深い谷、一尋《ひろ》は両手を広げた長さ）に落とす」とも言われるように、両親の方も子どもにあえて試練《しれん》を与えて、その成長を願うものです。

以前は現在のように週休二日制ではなく、奉公《ほうこう》に出れば、休みは元日と藪入《やぶい》りの日だけでした。だからこそ休みをもらえ、実家に帰れるといったときの喜びはひとしおで、この話でも親が久し振《ぶ》りに帰ってくる子どものことをどのように思い、また成長をして帰ってくる子どもの方では親をどう思っているのか。「親の心子知らず」「子の心親知らず」などとも言われますが、この噺《はなし》を通して、みなさんにかける親の思いといったものを感じ取ってみてください。

【本　題】

古今東西、お子さんの可愛《かわい》らしさというのは変わらないものです。

「這《は》えば立て 立てば歩《あゆ》めの親心《おやごころ》」

それまで這うことしかできなかった赤ん坊がつかまり立ちができるようになると、親御《おやご》さんはそれに夢中になります。そしてだんだんと大きくなりますと、明治・大正の頃《ころ》には「可愛い子には旅をさせよ」ということで、お店に奉公《ほうこう》へ出します。世話をしてくれる人がおりまして、奉公をする店が決まりますと、子どもは後《うし》ろ髪《がみ》をひかれる思いで家を出ます。

さすがに最初の頃《ころ》は、家や両親、そして友達のことを思い出して仕事もろくに手が付きませんが、十日、二十日、三十日と経《た》っていきますと、「去る者は日々に疎《うと》し」と言うように、またお店の方も忙《いそが》しくなり、同年代の子どもが他にもおりますから、やがて仕事の方に夢中になります。

その頃、子どもたちの楽しみはというと、ネズミを捕《と》ることでした。店の中に出るネズミを仕掛《しか》けでもって捕《つか》まえます。それを近所の交番へ持っていくと、わずかではありますが二銭《せん》というお金をくれます。これがペストでも流行《はや》ろうものなら、ネズミの料金も四銭と倍になる。そこでばい菌《きん》（倍金）と言ったそうで……。

他にも捕まえたネズミの代わりに番号札をくれて、それが懸賞《けんしょう》になっていて、当たると十円、十五円になるというんですから、子どもたちも夢中になって仕事をしながらネズミを捕まえるようになります。

また最近では週休二日などと言って、土曜、日曜が休みのところが多いですが、その頃は一度奉公へ出ますと、里心《さとごころ》がつくといって、三年ぐらいは帰してもらえません。実家の近くの御用《ごよう》まで他のお子さんに行かせたりします。

それが三年ぐらい経《た》つと、そろそろ大丈夫《だいじょうぶ》だろうということで、主人の方から「今度の正月には宿下《やどさ》がりをさせてやるよ」とお許しが出たときのうれしさといったらありません。その日からご飯も喉《のど》を通らなくなるほどです。

一方で、親御《おやご》さんの方はというと、これに輪を掛《か》けたような喜びで、「藪入《やぶい》りや何にも言わず泣き笑い」という句が残っています。


「なあ、おっかあ、野郎《やろう》は随分《ずいぶん》と辛抱《しんぼう》したなあ」

「本当だねえ、奉公が辛《つら》いと言って、帰ってくるんじゃないかと思って、ずっと心配していたんですよ」

「やっぱり、俺《おれ》のガキだけあるなあ」

「お前さんは、いいことになると、俺のガキだ俺のガキだ。悪いことになると、お前が悪いお前が悪いって言うんじゃありませんか」

「明日、帰ってきたら、あったかい飯を食わせてやんなよ」

「わかってますよ」

「あいつは納豆《なっとう》が好きだったからな、納豆を買っといてやんなよ。それにな、海苔《のり》を焼いといてな、卵も炒《い》っておいてやんな」

「わかってますよ」

「それからな、魚屋へ行ってな、刺身《さしみ》をあつらえてもらえ、中《ちゅう》トロのいいところを。俺もご相伴《しょうばん》にあずかるから。それからあいつは鰻《うなぎ》が好きだったなあ、中串《ちゅうぐし》を二本ばかりな、あれを崩《くず》してご飯に混ぜて喜んで食べていたしな。天麩羅《てんぷら》もいいけど、その場で揚《あ》げ立てでないとうまくねぇからな。寿司《すし》も好きなのを選んで、目の前で握《にぎ》ってもらったのを食べたいし、食いに連《つ》れていけばいいな。それにな、豆菓子《まめがし》にカステラも食わしてやりたいから、買っといてやれ」

「そんなに食べさせたら、お腹《なか》をこわしちゃいますよ」

「お腹こわしてもいいから、うんと食わしてやれ！」

「あの子だって、お店で食べてない訳じゃありませんよ」

「そんなことはわかってるよ。お前は奉公したことがないからわかんないかも知れねぇがな、自分の好きなものが食べられないんだよ。出されたものを『はい』って言って食うんだ。子どもの好きなものを知ってるのは、親だけじゃねぇか。だからうんと食わしてやりてぇんだよ。……なあ、おっかあ」

「うるさいねぇ、少しはお寝《ね》なさいよ」

「一晩ぐらい寝なくったっていいよ。今、何時だ？」

「まだ二時ですよ」

「昨日は今頃《いまごろ》、夜が明けたな」

「冗談《じょうだん》言っちゃいけないよ」

「湯に行って綺麗《きれい》にさせたら、方々を連《つ》れて回りたいんだ。赤坂の親戚《しんせき》の家から、ちょっと大回りになるけど、本所《ほんじょ》から浅草へ行って、品川の婆《ばあ》さんのところにも寄りたいな。あそこまで行くんだから、品川の海を見せて、羽田の穴守《あなもり》さんにもお詣《まい》りしてな、それから川崎の大師《だいし》さんは厄除《やくよ》けになるしな。横浜は観《み》るところがないけど、野毛《のげ》、伊勢佐木町《いせざきちょう》の通りを見せて、横須賀《よこすか》へ行って、江ノ島、鎌倉もいいけど、あれは夏じゃないとな、冬場は寒すぎるよ。そこまで行ったら、静岡の浅間《せんげん》様に久能山《くのうさん》、豊川《とよかわ》様の御本社《ごほんしゃ》、名古屋に行って金のシャチホコ見せたら喜ぶだろうな。伊勢の大神宮《だいじんぐう》もお詣りさせてやりてぇな。京大阪を回ってから、海を四国へ渡《わた》って、讃岐《さぬき》の金比羅《こんぴら》さん……」

「お前さん、それ、いつ連れていくつもりなの？」

「明日《あした》一日で」

「馬鹿《ばか》言ってないで、早く寝なさいよ」

「なあ、おっかぁ。今、何時だよ」

「三時少し回ったよ」

「どうも時間の経つのが遅《おそ》くないか？　起きて、時計の針を回してみろよ」

「おんなじこったよ、そんなことしたって」

「大きくなりやがっただろうなあ。なんて言って、帰ってくるかなあ……。なあ、おっかぁ」

「少しは寝なさいよ！」

「子どもだって寝てられねぇもんだよ。枕元《まくらもと》にな、着物や帯、それに下駄《げた》まで揃《そろ》えてな。それを見ながらポロポロ涙《なみだ》をこぼすもんだよ。子どもが寝られねぇのに、親が寝てちゃ申し訳ねぇ。ものには付き合いってものがあるんだ。なあ、おっかぁ」

「なんなんだい！　お寝なよ」

「今、何時だ？」

「五時をちょっと回ったかね」

「しめた！」

「飛び起きて、どうするんだい？　まだ電車だって動いてないよ」

「電車が動いてなくったって、帰りてぇ一心《いっしん》で歩いて帰くるよ。ほら、飯を炊《た》け！」

「今からご飯を炊いたら、あの子が帰ってくる頃にはお冷《ひや》になっちまうよ」

「お冷になっても構わねぇから、あったけぇ飯を食わしてやれ！」

「無理を言っちゃいけないよ」

「久し振《ぶ》りに帰ってくるんだ、家の前を綺麗《きれい》にしておきたいから、箒《ほうき》を出せ」

「私があとでやるからね、簡単でいいからね……」

「おい、見てみろよ、普段は無精者《ぶしょうもの》の熊《くま》が表《おもて》を掃《は》いてるぜ」

「変わったことがあるもんだなあ、何かあるんじゃねぇか。……あ、奉公に出てる亀ちゃんが藪入《やぶい》りで帰ってくるんじゃねぇか」

「そうか、子どもが可愛《かわい》いんだね。がさつで乱暴者《らんぼうもの》の熊が家の前を綺麗にしようなんてね。心掛《こころが》けがいいじゃねぇか、声を掛《か》けてやろう。熊さん、おはようございます」

「（箒で掃きながら、ぶっきらぼうにボソッと）おはようございます」

「いいお天気になりましたなあ」

「あっしのせいじゃありませんよ」

「変な挨拶《あいさつ》があるもんだな。亀ちゃん、大きくなったでしょうなあ」

「小さくなりゃ、なくなっちゃいますからね」

「まるで喧嘩《けんか》だね。あとで私の家にも顔を出すように言ってくれませんか？」

「当人がなんて言うかわからねぇからね……」

「お前さん、いい加減《かげん》にしなさいよ。ご近所さんがみんなして笑っているじゃありませんか」

「それにしてもあいつは遅《おそ》いな」

「仕方がありませんよ。新しい奉公人ですもの、古い人を送り出して、店を綺麗にしてから帰ってくるんですよ」

「三年ぶりに帰ってくるんだ。店の掃除なんて、そこの主《あるじ》がやればいいんだ！」

「私に言ったって、仕方がないじゃありませんか。（玄関の方を窺《うかが》って）はーい、ちょっと待ってください。ほら、帰ってきたよ。見ておくれよ」

「お、お前が見ろよ」

「私はご飯の用意があるんだからさ、早く見ておくれよ」

「お、おぅ。い、今、開けるよ（玄関の戸を開ける）」

「（お辞儀《じぎ》をしながら）めっきりお寒くなりました。お父《と》っつぁん、おっ母《か》さんもお変わりございませんか。ご主人様もお変わりありませんで、おうちへよろしくとおっしゃってました。お父っつぁん、何でもこの間、風邪《かぜ》をひいて大変に具合《ぐあい》が悪かったそうでして、番頭さんに言えば帰してくれるのはわかっていたのですが、店のみんなも我慢《がまん》しているので言い出しにくくて。それでも本当は来たかったんですが、良くはなったんですか？ 心配だからお手紙を書いたんですが、私の書いた手紙を見た？ ねえ、お父っつぁん、見た？ お父っつぁん。ねぇ、お父っつぁん！」

「お前さん、なんとか言っておやんなさいよ」

「（涙《なみだ》をこらえて、下を向きながら）待ってくれ、声が出なくなっちゃったんだよ。どうもご親切《しんせつ》にありがとうございました。今日はご遠方《えんぽう》のところ、ありがとうございます。あ、ああ、もうすっかり大丈夫《だいじょうぶ》だ。何でもねぇ、風邪だったんだよ。いつもなら熱い湯へ入って、うどんでも食って、薬飲んで寝れば、汗をかいて良くなるんだけどな、なかなか治《なお》らねえんだ。そこでおっかぁの野郎が医者を呼んできて診《み》てもらったんだけどね、あれはダメだ、藪医者《やぶいしゃ》だ。それで本所《ほんじょ》の先生を呼んできて診《み》てもらったんだけどな。困るんだよ、あの先生は金をとらねぇからな。それでも診てもらったら、急性肺炎とかなんとか言ってな、普通なら治《なお》らないってぇところを身体中に薬塗《ぬ》られてな。それで苦しくって、苦しくって……。そしたら一人息子のお前の顔を見たくなっちゃってな。それで吉兵衛《きちべえ》さんに声を掛《か》けてもらったんだよ。手紙は見た、見たよ。文句といい、字といい、うまくなったなあ。ありがてぇなあと思って、飛び起きたら治っちゃったんだ。あれから風邪ひいたりするとな、あの手紙ィ見ちゃ、治してるんだ。俺《おれ》の風邪薬はお前の書いてくれた手紙が一番よく効《き》くよ。……おい、おっかぁ、そばにいろよ、心細いからな。野郎、大きくなっただろうなあ」

「大きくなっただろうなあって、お前さんの前に座っているじゃないか。ご覧《らん》よ」

「見たいんだけどな、見ようと思って目を開けると、後から後から涙が出て、おまけに水っぱなも出てきて……。お前、代わりに見てくれ」

「だらしがないね。しっかりとご覧よ」

「見るよ、どうせいっぺんは見ないといけねぇんだ。（目をこすりながら、下を向いていた顔を正面に向け、やがて笑顔《えがお》になって）へへへ、動いてやがる」

「当たり前だよ。生きてるんだから」

「よく帰ってきたな。お前が帰ってくるってんで、おっかぁの奴《やつ》は、夕べ、夜っぴて寝ねぇんだ」

「それはお前さんじゃないか！」

「（息子の手元を見つめ）手がひびだらけじゃないか。水仕事したら、よぉく手を拭《ふ》いてから火にあたらなきゃいけねぇよ。他に身体《からだ》は大丈夫なのか？　ちょっと立ってみろ。大きくなったなあ、おっかぁ見てみろ、俺より背が高ぇや」

「お前さん、座ってるんじゃないか」

「そうか、立派《りっぱ》になったなあ。ん、なんだ？」

「（物を差し出す手つきで）これ、お店からいただいてまいりました。つまらないものですが、おうちへよろしくとおっしゃっていました」

「（受け取りながら）どうもありがとう。おっかぁ、何かいただいたよ。一度、店に挨拶《あいさつ》に行かなきゃダメだよ。これだけ一人息子を立派に育ててくれたんだ」

「（今一度、物を差し出す手つきで）これは私のお小遣《こづか》いで買ってきたんですけど、お口に合わないかも知れないけど、お父っつぁんとおっ母さんで食べて下さい」

「……。おっかぁ、奉公はありがてぇなあ。三年前は寝床《ねどこ》の中で芋《いも》を食べなきゃ起きなかった奴《やつ》が、こうやって小遣いの中から何か買ってきたよ。仲良く食おうな。神棚《かみだな》へ上げておけ。ありがてぇや。そうだ、湯へ行って来いよ。そこにある俺の半纏《はんてん》を着て行って来い。帰ってきてから、いい着物に着替えればいいんだから。新しい下駄《げた》なんか履《は》いていっちゃいけねぇや。手拭《てぬぐ》いもいいのを下《お》ろさなくったっていいや。それから湯銭《ゆせん》だ。なぁに、おめぇのいた頃は湯銭にも困っていたけどな、最近は懐《ふところ》が温《あった》けぇんだ。安心して行ってきな。（見送りながら）どぶ板を踏《ふ》んじゃいけねぇよ。ここの大家《おおや》は店賃《たなちん》取るばかりで、腐《くさ》ったどぶ板一つ、直さねぇんだから。その犬を構《かま》っちゃいけねぇよ。子どもを産んでから噛《か》みつくようになったんだ。放《ほう》っておきなよ……。おっかあ見てみな、小さい頃に芋の切れ端《はし》をもらったのを覚えてるんだね。あいつのあとを尻尾《しっぽ》を振って追いかけていくよ。ハハハ。おーい！　納豆《なっとう》やさん、路地《ろじ》へ入ってくるのを待っててくれねぇか、子どもが湯へ行くんだから。路地が狭《せま》いから言うんだよ。あとで買ってやらぁ。（しばらく息子の行くところを目で追って）行っちゃった。行っちゃったよ……」

「お湯へ行ったんだよ。すぐ帰ってくるよ」

「もう帰ってくる頃だな」

「今、行ったばかりじゃないか！」

「あいつが帰ってきたとき、俺は驚《おどろ》いたよ。てっきり障子《しょうじ》をガラッと開けて飛び込んできて、『お父っつぁん！』って噛《かじ》りついてくるもんだと思ってたんだよ。そしたら、手を付いてな、『めっきりお寒くなりました』って仁義《じんぎ》を切りやがったから驚いたよ。あれだけ挨拶《あいさつ》もできるようになったたし、手紙も立派に書けるし、着物だって、帯だって、履き物だって、いい物だよ。おかみさんに可愛がられているんだろうな。……おい、よせよ。子どもの財布《さいふ》なんか開けて見るなよ」

「お前さん、財布の中に小さく折り畳《たた》んだ五円札が三枚入ってるよ」

「偉《えら》いじゃないか、小遣いをもらって帰ってきたんだろ」

「だけど十五円っていうのは多いと思わないかい」

「多けりゃどうだって言うんだい」

「当人にそんな悪い料簡《りょうけん》がなくても、大勢いるお友達の中に悪い人がいて、もし、ご主人のお金でも……」

「馬鹿《ばか》言うんじゃねぇ！　俺のガキだ！」

「落ち着いておくれよ。お前さんは奉公の経験があるだろ？　はじめての宿《やど》りのときに十五円なんてお小遣いをもらったかい？」

「十五円……、十五円は多いな。あいつ、やりゃあがったな。（首をかしげて）どうも目つきがよくなかった。帰ってきたら、どうしてくれよう」

「お前さんは手が早くていけないよ。事情を聴《き》いて、確かにそうだと分かったら……」

「わかってる、わかってる、わかってるよ！　そっちへしまっとけ。目つきの悪いのが帰って来た」

「（お辞儀《じぎ》をしながら）行ってまいりました。大変にすいてまして、いいお湯でした。お父っつぁんも行ってらっしゃいましな」

「おい、前へ座れ！　よく聞けよ。お前の親父はな、人様に頭の上がらないようなケチな商売をしてるけど、人様の物に手を付けるようないやしい真似《まね》はこれっぽっちもしたことはねぇんだぞ。親の気持ちもわからねぇで、ふざけたことしやがると、タダじゃおかねぇぞ」

「え？」

「ごまかすな。てめぇの財布の中を見ると、小さくたたんで札《さつ》が入ってるじゃねぇか。はじめての藪入りに十五円っていうのは多いじゃねぇか。どっから盗《ぬす》んできたのか、言え！」

「（フッと漏《も》らすように）何かと思って、ビックリしちゃったぁ。やだなぁ、私のいない間に財布なんか開けて。これだから貧乏《びんぼう》は嫌《いや》なんだ……」

「なんだ、この野郎《やろう》！（と息子をひっぱたく）」

「およし、およし、お逃《に》げ、お逃げ、お逃げよ。お前さん、およしよ。ごめんよ、おっかさんが悪いんだよ。少しだけどお小遣いを入れてやろうと思って、財布を開けてみたら、あんまり多いんでね。お前は一人息子だろ。心配になったから、お父っつぁんに言ったんだよ。あれは盗《ぬす》んだんじゃないんだろう？　泣いてちゃわからないよ」

「（目元に手をあてて泣きながら）盗んだんじゃない、盗んだんじゃない。あの店でネズミを捕《と》れ、ネズミを捕れって言うんで、ネズミを捕っちゃ交番へ持って行ったら、その中の一匹が十五円という懸賞《けんしょう》に当たったんだい。子どもが大金を持っているとためにならないから預《あず》けておけって言われて、今朝《けさ》、宿りだから、持って帰って親を喜ばせてやれと、持たせてくれたのがその十五円なんだ。盗んだんじゃないや」

「そうだったのかい。ほら、言ったこっちゃない。ネズミの懸賞で取ったんですってよ」

「手前《てめ》ェが変なことを言うもんだから、妙《みょう》な気になったんだよ。そうか、ネズミの懸賞に当たったのか。よかったなあ。これからも主人を大事にしなよ。チュー（忠）のお陰《かげ》だから」。

●作品の背景●

一月と七月の十六日に、奉公人《ほうこうにん》が休暇《きゅうか》をもらって家に帰る日である、「藪入り」を舞台《ぶたい》にした噺《はなし》です。藪入りとは草深い田舎《いなか》に帰るという意味から、その名が付けられたといわれますが、定かではありません。

またこの噺は、天保《てんぽう》十五年（一八四四）の正月に、江戸の日本橋は小伝馬町《こでんまちょう》一丁目の呉服屋《ごふくや》で実際にあった騒動《そうどう》をヒントにつくられた話が元にあるとされています。

それが明治になり、当時、名人の呼び名が高かった初代柳家小せん（一八八三〜一九一九）が、ペストが大流行したことと、それによって警察が実施した懸賞金付きのネズミの駆除届出《くじょとどけで》制度をベースにして、

『鼠《ねずみ》の懸賞』という話に改作をしました。さらにその話を、昭和を代表する落語家の一人である三代目三遊《さんゆう》亭金馬《ていきんば》（一八九四〜一九六四）が、ここで紹介したような人情噺《にんじょうばなし》風《ふう》につくり替《か》えて十八番にしました。

サゲはネズミの泣き声と主君《しゅくん》に心を尽《つ》くして仕《つか》えるという意の「忠義」をかけたものですが、現在では分かりづらくなったこともあり、例えば、人間国宝の十代目《じゅうだいめ》柳家《やなぎや》小三治《こさんじ》のように「ネズミの懸賞か。お父っつぁんはネコババをしたと思ったんだ」などとサゲをつくり替《か》えて演じる落語家も増えてきました。

知っておきたい用語集

こましゃくれる　子どもがませていて、少し生意気なこと。

藪入《やぶい》り　旧暦の一月と七月の十六日前後に奉公人《ほうこうにん》が主人から休暇《きゅうか》をもらって、親元などに帰ること。宿下がり。

後《うし》ろ髪《がみ》を引かれる

→後ろ髪　ここでは心残りがしてなかなか別れることができないこと。

奉公《ほうこう》　他人の家に雇《やと》われて、その家事や家業に従事すること。

去る者は日々に疎《うと》し　死んだ者は月日が経つにつれて忘れられていく。ここでは、親しかった者も遠く離《はな》れてしまうと、しだいに親しみが薄《うす》くなる、ということ。

ペスト　ペスト菌《きん》の感染《かんせん》によっておこる急性伝染《きゅうせいでんせん》病《びょう》。二〜三世紀ごろに流行していたと伝えられているが、十四世紀に中央アジアからヨーロッパ全域で猛威《もうい》を振《ふ》るった大流行は歴史的にも知られ、当時のヨーロッパ全人口の四分の一にあたる二五〇〇万人の死者が出たほどの大災害をもたらし、黒死病《こくしびょう》として恐《おそ》れられた。日本でも明治三十一年（一八九八）から昭和元年（一九二六）の間に三千人近い患者《かんじゃ》の発生がみられた。ペストは元来、ネズミなど齧歯《げっし》類の流行病であり、これがノミ、ナンキンムシ、シラミなどの昆虫の媒介《ばいかい》によって人に感染する。

里心《さとごころ》　他の家や他の土地に出ている者が、実家や郷《きょう》里《り》を恋しく思う心。里心がつく。

宿《やど》下《さ》がり、宿《やど》り　→前出「藪入《やぶい》り」を参照。

羽田の穴守《あなもり》さん　東京都大田区羽田にある穴守稲荷《いなり》神社のこと。

川崎の大師《だいし》さん　神奈川県川崎市川崎区にある真言《しんごん》宗《しゅう》智山派《ちざんは》の大本山《だいほんざん》で、正式名は平間寺《へいけんじ》。川崎大師と呼ばれている。

厄除《やくよ》け　厄難《やくなん》を払いよけること。また、その方法。

静岡の浅間《せんげん》様　静岡県富士宮市にある富士山本宮浅間《ほんぐうせんげん》大社《たいしゃ》のこと。

久能山《くのうさん》　静岡県静岡市駿河区《するがく》にある久能山東照宮《とうしょうぐう》の

こと。

豊川《とよかわ》の御本社《ごほんしゃ》　愛知県豊川市豊川町にある曹洞宗《そうとうしゅう》の寺。正式名は妙厳寺《みょうげんじ》。豊川稲荷《いなり》と呼ばれている。

伊勢《いせ》の大神宮《だいじんぐう》　三重県伊勢市にある神社。正式名は単に神宮。皇大神宮《こうたいじんぐう》（内宮《ないくう》）と豊受大神宮《とようけだいじんぐう》（外宮《げくう》）からなり二十年ごとにお社《やしろ》を建て替える式年遷宮《しきねんせんぐう》がよく知られている。

讃岐《さぬき》の金毘羅《こんぴら》さん　香川県琴平町《ことひらちょう》の琴平山《ことひらやま》にある神社。正式名は金刀比羅宮《ことひらぐう》。金毘羅さんと呼ばれている。

がさつ　細かいところまで気が回らず、言葉や動作が荒っぽくて落ち着きのないさま。

藪医者《やぶいしゃ》　診断《しんだん》や治療《ちりょう》の下手《へた》な医者。

半纏《はんてん》　和服の一種で、労務用と防寒用がある。長さは腰丈《こしたけ》程度で、防寒用は綿《わた》入れで、子どもを背負って上から着るねんねこ半纏や子ども用の亀の子半纏などがある。職人などは長半纏《ながばんてん》や印半纏《しるしばんてん》など、主として木綿《もめん》仕立てで、屋号《やごう》や組名が染めてあるものを盆《ぼん》や正月に親方から与えられる。半天。

どぶ板　どぶを覆《おお》う板のことで、長屋の路地の中央に掘られたどぶの上に渡《わた》した。

仁義《じんぎ》を切る　博奕《ばくち》打ちや香具師《やし》（盛り場や縁日などで、露天《ろてん》を出して商売をしたり、見世物などの興行をする人）などの間で、独特の形式に基づいて初対面《しょたいめん》の挨拶《あいさつ》を交わすこと。ここでは、事をなすにあたって、先任者や関連部署などに、一通りの挨拶をしておく、ということ。

料簡《りょうけん》　考え、気持ち、思い。

忠《ちゅう》　儒教《じゅきょう》の根本《こんぽん》道徳の一つで、まごころをこめて、よくつとめを果たすこと。また、君主《くんしゅ》や国家に対して、まごころを尽くすこと。忠義《ちゅうぎ》。忠誠《ちゅうせい》。

ネコババ　猫《ねこ》が糞《ふん》に砂や土をかけて隠《かく》すことから、拾った物をひそかに自分の物にしてしまうこと。

落語

子別れ
（こわかれ）

●作品のポイント●

この噺のサゲでも使われているように、「子は夫婦の鎹《かすがい》」という言葉があります。

「鎹」とは大工道具《だいくどうぐ》の一つで、材木と材木とをつなぎとめるために打ち込む両端《りょうはし》の曲がった大釘《おおくぎ》のことで、夫婦にとって二人をつなぎとめるのは子どもであるということです。この噺でも、一旦《いったん》は別れることになった夫婦が元の鞘《さや》に収まるのは子どもがいたからです。

落語の中に登場する夫婦というと、夫がだらしがなくて、その分、妻がしっかり者という設定が多く見られます。この噺《はなし》でも夫は吉原《よしわら》へ遊びに行き、昔なじみの遊女と出会って夢中になり、家へ帰ってきません。その間、家を支えているのは妻であり、その後も一人息子《ひとりむすこ》を育てるのは妻でした。

そんな夫婦が再《ふたた》び一緒《いっしょ》になるために子どもが果たした役割とは。そこに表れてくる夫婦、そして親子の思いといったものを感じとりながら、この噺に触れてみてください。

長屋
人情
廓
江戸っ子
親子
夫婦
忠義
情愛

【本　題】

知り合いが亡《な》くなり、その弔《とむら》いに出掛《でか》けた大工の熊五郎《くまごろう》は、精進落《しょうじんお》としだからといって、酔《よ》っ払った勢《いきお》いで、紙屑屋《かみくずや》の長《ちょう》さんを誘《さそ》って吉原《よしわら》へ遊びに出掛けます。上がった店で出会ったのが、以前、品川で馴染《なじ》みにしていた女で、すっかり意気投合《いきとうごう》して、そのまま家へ帰らず、居続《いつづ》けをしてしまいます。

三日の間、留守《るす》にしていた家へ帰ると、腹をすかせた女房と子どもが待っていますが、熊は反省をするどころか、ノロケ話を聞かせるので夫婦喧嘩《ふうふげんか》。とうとう、女房《にょうぼう》は一人息子《ひとりむすこ》の亀《かめ》を連《つ》れて家を出て行ってしまいます。

さあ、邪魔者《じゃまもの》はいなくなったと、吉原で再会した女を家へ引き入れますが、この女が家のことを一切《いっさい》やらない。それがおもしろくないからと文句《もんく》を言うと、いつの間にかいなくなってしまいます。

「手に取るな　やはり野に置け　蓮華草《れんげそう》」とはよく言ったもので、熊さんもさすがに心を入れ替《か》えて、商《あきな》いに励《はげ》み、三年という月日が流れます……。

「ごめんなさいよ、棟梁《とうりょう》はいるかい？」

「これは番頭さん。何ですね、用があったら、ひと声掛《か》けて下されば、こっちから伺《うかが》ったんですが。何か急用でも？」

「そうじゃないんだがね。うちのご隠居《いんきょ》ときたら、どうもせっかちでね。頼《たの》んである離《はな》れはいつできるんだって、毎日、大騒《おおさわ》ぎなんだ。おまけにね、床柱《とこばしら》を凝《こ》りたいなんて言い出すんでね、私だけで決められないものだから、棟梁のところへ来たというわけだ。どうだろうね、これから一緒《いっしょ》に木場《きば》まで行ってもらいたいんだけども」

「ああ、そうですか。よろしゅうございます。お供《とも》いたしますんで。……隣《となり》の婆《ばあ》さん！　すまないけどね、これからお店《たな》の番頭さんと木場まで行ってきますんで、留守の方をよろしくお願いいたします。……お待ちどうさま」

「お前さんも大変だね。独《ひと》り者《もの》は呑気《のんき》だなんていうけど、お前さんを見ていると、そうでもないようだね」

「まあ気軽《きがる》といえば気軽ですがね。でもね、冬なんか、家へ帰って来て、家中が冷え込《こ》んでいるところで、七輪《しちりん》に火をおこすときなんざ、情けなくなりますよ」

「そういうものかも知れないね。そう言えば、お前さんのとこにいた、吉原のおかみさんはどうした？」

「それを言われると恥《は》ずかしいばかりで……。あんな者はとうの昔に出て行きました」

「そうかい。まあ、その方がよかったかも知れないね。噂《うわさ》には聞いていたけども、あまり評判《ひょうばん》が良くなかったよ。それに比べて、先《せん》のおかみさんは、いいおかみさんだったね。仕事は出来て、気が利《き》くし、よく働く、本当にいいおかみさんだった」

「まあ、あっしには過《す》ぎもんのかみさんでした」

「今でも思い出すかい？」

「いいえ、かかあのことはあまり思い出しませんがね、子どものことを思い出しますんで」

「ああ、亀ちゃんといったね。いくつになるんだい？」

「あれから三年経《た》ちますからね、ちょうど十歳ですかね」

「そんなになるかねぇ。そりゃあ可愛《かわい》くなっただろうね。会いたいだろ？」

「会いたいですね」

「そうだろうねえ……。（歩いていく先を見て）おい、棟梁。向こうから大勢《おおぜい》子どもが駆《か》け出してくるだろ？あの先頭を走っているのは、あれはお前さんのところの亀ちゃんじゃないかい？」

「ど、どれですか？あ、亀！亀ですよ。あれは亀だ。ああ動いてる……」

「そりゃあ動いてるよ。いい所で出会ったじゃないか。さ、声を掛《か》けてお上げ」

「でも、木場へ行かないと……」

「私はいいんだ。行く先は分かっているだろうから、先へ行っているよ。お前さんも後から来ておくれ。これも何かの巡《めぐ》り合わせなんだから、会っておやり」

「そうですか。番頭さん、すいません。じゃあおっつけで伺《うかが》いますから。へい……。おう、亀！亀、こっちだよ、おい！」

「あ、お父《と》っつぁん……。お父っつぁんだな」

「亀、おめえ、大きくなったなあ」

「お父っつぁんも大きくなったあ」

「大人《おとな》が大きくなるわけねえや。お前、元気だったか？」

「うん」

「おっかさんは、元気にしているか？」

「うん、元気だよ」

「そうか……。で、なんだ……、今度のな……、なんだ……、今度来たお父っつぁんは、お前を可愛《かわい》がってくれるか？」

「何だって？」

「だからよ、今度のお父っつぁんはお前を可愛がってくれるか？　ってんだ」

「何、言ってるんだよ。お父っつぁんはおめえじゃねえか」

「だからよ、俺《おれ》は前のお父っつぁんだよ。新しいお父っつぁんのことを聞いてるんだ」

「そんなわからない道理《どうり》があるもんか。子どもが先に出来て、親が後から出来るなんて、ヤツガシラじゃねぇや」

「わからねえかな。なんだよ……、夜になると泊《と》まりにくるおじさんがいるだろ？」

「なんでえ、焼《や》き餅《もち》焼いてんのか？　そんなのいねえよ。おっかさんは一人で働いてるよ」

「一人で？」

「うん。それでね、これからは勉強の世の中だから、あたいにね、勉強しろ、勉強しろって言うんだ。お前のお父っつぁんは腕《うで》はあるんだけども、学問がないから偉《えら》くなれないんだ。騙《だま》されるんだって言ってたよ。お父っつぁんみたいなのを文盲《あきめくら》って言うんだってね。お父っつぁん、あたいのことが見えるかい？」

「何、言ってやがる。よーく、見えるよ。で、おっかさんはお父っつぁんのことを、何か言ってるかい？」

「おっかさんは、いっつもお父っつぁんのことを話してるよ。お父っつぁんはお酒を飲んで魔《ま》が差したけれど、本当はいい人なんだって。あれはお父っつぁんに未練《みれん》があるな」

「生意気《なまいき》なことを言いやがって。お父っつぁんはな、今は酒もやめたし、一人で稼《かせ》いでるんだぞ」

「一人で？ それじゃあ、あの吉原の女の人はどうしたんだい？」

「おめえにそれを言われると、穴があったら入りてぇや。あんなのはとっくに出て行ったよ」

「そうかあ……、それじゃあさ、おっかさんに会っていきなよ。ね？ うちはすぐそこだからさ、寄っていきなよ」

「それは……、できないんだ……」

「なんでだい？」

「わからねぇかも知れねぇが、お父っつぁんはおっかさんに渡《わた》しちまったものがあってな、それでおっかあには会えねえんだ。大人の約束ってやつだ」

「ふうん、あたいにはわからねぇや……」

「亀、さっきから気になってたんだけどな、おめえ何だな、額《ひたい》のところに傷《きず》があるな。どうしたんだ？ そりゃ」

「（額を手で隠し）こんなのは……、何でもねぇや」

「何でもねぇことがあるもんか。出世前《しゅっせまえ》の男に向《む》こう傷《きず》なんてえのはよくねえや。どうしたんだ、そりゃ」

「これはね、この間、みんなでチャンバラをやってたんだ。そしたら、中村屋の坊《ぼっ》ちゃんがね、俺に斬《き》られたんだから、お前はそこへ倒《たお》れろって言うんだ。でもね、着物を汚《よご》したら、おっかさんに怒《おこ》られるだろ？だからあたいは『いやだ』って言ったんだ。そしたら、生意気《なまいき》な奴《やつ》だって、手に持ってた棒《ぼう》でぶってきたんだ」

「乱暴《らんぼう》なことをしやがるじゃねぇか。おっかさんは何か言わなかったのか？」

「あたいが泣いて帰ったらね、おっかあは怒《おこ》ったよ。『男親《おとこおや》がいないからと馬鹿《ばか》にして、文句《もんく》を言いに行ってやる。何処《どこ》の子がやったんだ？』って言うから、『中村屋の坊ちゃんだ』って言ったら、しばらく考えてね、『そうかい、それじゃあ痛《いた》かろうけど、我慢《がまん》しておくれ』って」

「どういう訳だ？」

「今、住んでいるところが中村屋さんの家作《かさく》なんだ。それによく仕事も廻《まわ》してくれるから、そんなことで中村屋さんと気まずくなると、お前も私も路頭《ろとう》に迷わなくちゃならないから、辛抱《しんぼう》しておくれ。こんなときに、あんな飲んだくれでもいてくれれば、かかしになるんだけどもって、おっかあ、そう言って泣《な》いてたよ……。（泣きながら）お父っつぁん！」

「（涙《なみだ》をぬぐいながら）わかった、わかったからよ、泣くんじゃねぇや」

「お父っつぁんだって、泣いてるじゃねぇか」

「お父っつぁんはなんだ……、ここんところ風邪《かぜ》ぇひいてるから、目から鼻水《はなみず》が出るんだ……。そうだ！おめえに小遣《こづか》いをやろう。さ、これをやるよ」

「わあ、五十銭《せん》じゃねえか。お釣《つ》りはないよ」

「釣りなんかいらねえよ」

「家にいるときは、一銭だってくれなかったのに。人間なんてぇものは、苦労をしないといけないな」

「生意気なことを言うんじゃねえや。あ、そうだ、おめえ、鰻《うなぎ》が好きだったな」

「そりゃあ大好きだけど、鰻の味なんて、忘れちゃったよ」

「そうか、おめえに鰻を食わせてやりてぇんだけどな、お父っつぁんはこれから番頭さんと木場へ行かなくちゃならねえんだ。だからな、明日《あした》、明日だ。今日《きょう》とおんなじ時間に、ほら、あそこに鰻屋があるだろ? お父っつぁんはあそこで待ってるから、お前は明日あそこに来な。それでな、亀、おっかさんには今日、お前とここで会ったことを言っちゃいけねえよ。黙《だま》ってるんだよ」

「どうしてだい?」

「どうしてもだ。男の約束ってやつだ。いいな」

「うん、わかった」

「じゃあ、また明日な。（去っていく子どもの姿を目で追っかけながら）あ、そっちか? ああ、そこか、そこか。気を付けろよ。ドブん中へ落ちるなよ……」


「ただいまー」

「亀かい、早く帰って来ないといけないじゃないか。うちはね、お前に手伝ってもらわないと困《こま》るんだよ。

遊んでもらってちゃ困るんだ。さあ、この糸をほぐさないといけないんだから、おまえの両手を貸しておくれ。ほら、両手。（亀の両手に糸を巻いていく仕草《しぐさ》をしながら）ダメだよ、手を広げてくれないと、糸が落ちちゃうじゃないか。ほら……、だから、手を握《にぎ》っていないで、手を広げて！ほら、早く！しっかりと手を広げて、ほら！」

「あっ！」

「（目の前に転《ころ》がり落ちてきたものを拾い上げて）あら？お金だね。誰《だれ》かにお使いを頼《たの》まれたのかい？それじゃあ、早く行っておいで。おっかさんの方は後《あと》でいいから」

「そうじゃねぇや」

「じゃあ、このお金はどうしたんだい？」

「もらったんだ」

「もらった？こんな大金をかい？誰にもらったんだい？おっかさん、その人にお礼を言わなくちゃいけないから、名前を教えておくれ」

「だから……、知らねえおじさんにもらったんだ」

「おかしな話だね、そりゃ。何かお手伝いをしてもらったって言うんならわかるけど、知らないおじさんが、ただくれるっていうのはおかしな話じゃないか。誰にもらったんだい？」

「言っちゃいけないって言われたんだ」

「そうかい……。亀、後ろの戸が開いてるから、閉《し》めておくれ。閉めたかい？そうしたら、このお金はお前に返してあげる……（と言いながら、亀を引き寄せ、押さえつけて）。こっちへ来な！　亀、お前は何てことをしてくれたんだ。情けないじゃないか。何のためにおっかさんは苦労をしてきたと思っているんだい？　このお金をどこから盗《ぬす》んできたんだ？　早くお言い。言えないのかい？　そうかい、そうしたらね、ここにお父《と》っつぁんの道具箱の中にあった玄翁《げんのう》があるから、これでお前をぶつよ。いいかい？　これはあたしがぶつんじゃない、お父っつぁんがぶつんだからね。さあ、早く言わないとぶつよ！　どこから盗んだんだい？」

「盗んだんじゃないやい！　盗んだんじゃないやい！　もらったんだい！　もらったんだい！」

「だから、誰からもらったって聞いているんだ」

「お父っつぁんからもらったんだい！　お父っつぁんからもらったんだい！」

「（亀を放して）お父っつぁんからもらった？　お前、お父っつぁんに会ったのかい？」

「何だい、お父っつぁんって聞いたら、急に優《やさ》しい声して……」

「そうかい、お前、お父っつぁんに会ったのかい。で、お父っつぁんは相変《あいか》わらず飲んだくれてたかい？」

「ううん、きちっとした恰好《なり》をしてね、これからお店《たな》の番頭さんと一緒に木場《きば》へ行くって言ってたよ」

「そうかい。それで、なんだね……、あの吉原の女はどうしたって言ってた？」

「なんでもね、とっくの昔に出て行っちゃってね、今はお父っつぁんは大好きなお酒もやめて、働いてるって言ってたよ」

「そうかい、真面目《まじめ》に働いてくれてるんだね。それで、おっかさんのことは……、何か、言ってなかったかい？」

「なんでえ、二人して同じこと聞いてら。おっかあは何をやってるんだ？とか、知らないおじさんが家に来ているんじゃねぇか？　とか言ってたよ。それでね、明日《あした》、あたいに鰻《うなぎ》をご馳走《ちそう》してくれるっていうんだけど、行ってもいいかい？」

「鰻？　ああ、行っておいで。久し振《ぶ》りにお父っつぁんと食べるんだから、うんとご馳走《ちそう》になってきな！」

次の日になると、亀にござっぱりとした着物を着させて送り出してやりますが、家で仕事をしていても落ち着きませんので、半纏《はんてん》を引っ掛《か》けて、鰻屋へやって来ます。

「あの、ちょっと伺《うかが》いますが、うちの悪《わる》さがお邪魔《じゃま》していませんでしょうか？」

「ああ、亀ちゃんのおっかさんですね。亀ちゃん、来てますよ。二階にいますよ。今、お呼びします。（二階に向かって）おーい、亀ちゃん。おっかさんが来ているよ」

「え、おっかさんが？　お父っつぁん、おっかさんが来てるって。（下の階に向かって）あ、おっかさん、上がっておいでよ。ここだよ。お父っつぁんもいるよ。遠慮《えんりょ》するこたぁないじゃないか。ねえ、お父っつぁんも呼んであげなよ」

「駄目《だめ》じゃねえか、お父っつぁんに会ったことは言うなって言っただろ？」

「来ちゃったものは仕方がないだろ？　おっかさん、ここだよ」

「あら、亀、ここにいたのかい？　駄目《だめ》じゃないか、知らない人にご馳走になるなんて……」

「知らない仲じゃないじゃないか」

「(改まって声と姿勢《しせい》で) しばらくでございました。この度《たび》はうちの亀がご馳走になりまして……」

「へ、へえ。いえ、なに、ご無沙汰《ぶさた》をしておりまして……」

「お元気なようで何よりでございます……」

「そちらさまも……。いえ、なに、いや、昨日《きのう》ね、亀にバッタリと会いましてね、色々とお話をお伺いしまして、それで、なんです、久し振《ぶ》りだから鰻を食わねえかという話になりまして、そういう訳《わけ》でして。ええ、ま、それでこういうことになりましてね……。いえ、昨日、番頭さんと木場へ行くときに、この亀とバッタリと会いましてね。それでまあ、久し振りだから鰻を食わねえかという話になりまして、で、こうして鰻を食べている訳でして……。ええ、それが、まあ、昨日、亀にバッタリと会いましてね……」

「何だよ、お父っつぁん、さっきから同じことばかり言ってるじゃねぇか。ねえ、お父っつぁん、おっかさん、学校でも言ってたよ。子どもにとって両親が揃《そろ》っているのが一番なんだって。あたいもこれからいい子にするからさ、お願いだから、また元のように一緒《いっしょ》に暮らそうよ。お父っつぁん、いいだろ? おっかさんからも頼《たの》んでおくれよ」

「生意気《なまいき》なことを言うない。……(熊五郎が手をついて) どうだろう。今更《いまさら》、こんなことは俺の口から言えた義理じゃねえが、亀が言う通りだ。お前が今まで一人でいてくれたのも幸い。もとの鞘《さや》に納まってくれねえだろうか」

「(涙声《なみだごえ》で) お前さん、ありがとう。その言葉をどんなに……、どんなに待っていたか知れないよ。元通りに暮らせれば、こんなうれしいことはないよ」

「そうか、よかった。よかったよ。うれしいじゃねぇか。こうやって親子三人でまた暮らせるなんてな。こうやって元の鞘に納まるのも、この子があったればこそ。子は夫婦の鎹《かすがい》とはうめえことを言ったもんだな」
「え？　あたいが鎹かい？　それでおっかさんが昨日、玄翁《げんのう》でぶつと言ったんだ……」

●作品の背景●

江戸時代後期に活躍した初代春風亭柳枝《しゅんぷうていりゅうし》（文化十年（一八一三）～慶応四年（一八六八））、または江戸から明治にかけて人気を呼んだ三代目麗々亭柳橋《れいれいていりゅうきょう》（文政九年（一八二六）～明治二十七年（一八九四））（春錦亭柳桜《しゅんきんていりゅうおう》）の作と言われている落語で、噺《はなし》の中に登場する亀吉という子どもの名も、初代柳枝の幼名《ようみょう》、または三代目柳橋の子ども（四代目柳橋）からとったと言われています。

実はここで紹介したストーリーは、『子別れ』という噺の「下」にあたる部分です。全部を演じると長い話なので、熊さんが葬式《そうしき》から吉原へ繰《く》り込み、遊びにふける場面までを『強飯《こわめし》』や『強飯《こわめし》の女郎買《じょろうか》い』と呼ぶ「上」として、女房《にょうぼう》を追い出して、吉原の遊女を家へ入れての騒動《そうどう》部分を「中」として演じる他、ここで紹介《しょうかい》したように「上」と「中」の場面をダイジェストで演じて、『子は鎹《かすがい》』と呼ばれる「下」に続けて演じる展開が多く見られます。

重要無形文化財保持者（人間国宝）である十代目柳家小三治《やなぎやこさんじ》の名演が残る他、現在も多くの落語家がここぞというときに演じてみせる人情噺《にんじょうばなし》の一席です。

知っておきたい用語集

弔《とむら》い　葬式《そうしき》。野辺《のべ》の送り。法事《ほうじ》。

精進落《しょうじんお》とし　本来は忌明《きあ》け（亡《な》くなった人の遺族《いぞく》が喪《も》に服す期間が終わること）の三十五日または四十九日までは殺生《せっしょう》をしないように、肉や魚などを食することを慎《つつし》み、忌明けが過ぎて日常の食生活に戻《もど》ることを指したが、最近では、故人《こじん》の葬儀《そうぎ》でお世話になった方々へのお礼の席のことを指す。

手に取るなやはり野に置け蓮華草《れんげそう》　レンゲ草のような野の花は、野原に咲《さ》いているのが似つかわしい。ものには本来、それにふさわしい場所というものがある。

棟梁《とうりょう》　一族や一門《いちもん》の統率者《とうそつしゃ》。集団のかしら。

木場《きば》　東京都江東区南部の地名。元禄《げんろく》年間（一六八八～一七〇四）、江戸幕府の払い下げ地に材木問屋《どんや》や貯木場《ちょぼくじょう》が形成されたことに由来《ゆらい》する。

七輪《しちりん》　炭火《すみび》をおこしたり、煮炊《にた》きをしたりするための簡便な土製のコンロ。炭の価《あたい》が七厘《しちりん》ですむという意によるとされる。

おっつけ　やがて。そのうちに。まもなく。すぐに。ただちに。

ヤツガシラ　サトイモの一種で、親芋《おやいも》を中心にして、いくつもの子芋が出て、ひとかたまりに大きくなる。煮物《にもの》などに用いる。

文盲《あきめくら》　文字の読み書きができないこと。

（おっかさんに）**渡したもの**　ここでは「離縁状《りえんじょう》」のこと。

向こう傷《きず》　敵《てき》に正面から立ち向かい、体の前面に受けた傷。特に眉間《みけん》や額《ひたい》に受けた傷。

家作《かさく》　人に貸して収入を得るために持っている家。貸し家。

路頭《ろとう》に迷う　生活の道をなくし、住む家もなく、ひどく困る。

かかしになる　かかしのように悪いものを追い払う役割になるというたとえ。

玄翁《げんのう》　頭の両端《りょうたん》にとがった部分のない金槌《かなづち》。

落語

心眼（しんがん）

人情　夫婦　情愛

●作品のポイント●

タイトルの通り、人が持つ心の眼と、その眼が見る人の心に迫《せま》った物語です。

人は目で対象物《たいしょうぶつ》をとらえ、見えたものを判断していきます。しかし、人は見た目で判断してはいけないなどとも言うように、自分にとって目の前にある相手がどんな存在であるのかをつかんでいかなくてはなりません。そのときに必要なのは、両眼《りょうめ》ばかりでなく、経験を積むことで修養《しゅうよう》した〝心の眼《め》〟ではないでしょうか。

この噺の主人公である梅喜《ばいき》は目が不自由ですが、見えていなくても、女房《にょうぼう》に対する思いであったり、弟に対する感情であったり、自分を取り巻く人たちのことはよく見えているようです。しかし、その眼が開いたときに、梅喜は何を見て、何を考えるようになって、何を思うようになったのでしょうか。

見た目ではなく、心の眼で見たものがどういったものであるのかを想像しながら読み進めて下さい。

【本　題】

盲人《もうじん》の方のお話でございます。

生まれつき目の見えない方もいらっしゃれば、年をとってから目が見えなくなったという方もいらっしゃいます。なんでも年をとってから不自由になった方は、それまで色々なものを見聞《みき》きしてきましたので、夢を、それも不思議《ふしぎ》な夢をよく見るそうでございますが……。

「おや、お帰んなさい。大層《たいそう》、帰りが早いようだけども、横浜も大したことはなかったと見えますね」

「どこも同じだよ。夜遅《おそ》くまで流して歩いたんだけども、丸っきり療治《りょうじ》の声が掛《か》からないんだ。それで、あきらめて帰ってきたんだよ」

「仕方ありませんよ。どこも景気が良くないっていうんですから、お前さんだけが悪いんじゃありませんよ。こっちでぽつぽつ稼《かせ》ぐしかありませんよ。でも、それにしても顔の色が良くないようだけど、具合《ぐあい》が悪いんじゃないかい？　薬でも飲むかい？　それともお医者様でも呼んでこようか？」

「なァに、心配することはない。実はね、横浜から歩いて帰ってきたから、疲《つか》れが出たんだろう」

「横浜から歩いて帰ってきたって？　わずかな汽車賃じゃないかね。何も歩いて……、どうしたんだい？　梅《ばい》喜《き》さん。何かあったのかい？　そうだ、お前さん、金《きん》さんと喧嘩《けんか》でもしたんだろ？　何を隠《かく》しているんだい？　どうしたんだよ、梅喜さん。泣くほど悔《くや》しいことがあったんだったら、長く連《つ》れ添《そ》う女房じゃないか、話をしてお聞かせなさいな。ねえ、梅喜さん！」

「(嗚咽《おえつ》して)う、う、う、う、う……。お竹、俺《おれ》は、どうしてこんな不自由な身体《からだ》になっちまったんだろうなあ。こんな悔《くや》しい思いをするなら、いっそのこと死んじまった方がいいや……。(すすりあげて)なにね、今言うように、遅《おそ》くまで流したって療治がなかったろう? 銭《ぜに》を持って帰れなかったら、飯代《めしだい》にだって事を欠《か》いちまう。そんな気持ちのまま金《きん》のところへ寄ったらよ、『この不景気に、どめくらが食いつぶしに来やがったな』って、何度も繰《く》り返すもんだから、俺は悔しくってな。あいつの喉笛《のどぶえ》へ喰《く》らいついてやろうと思ったけど、こっちはこんな身体《からだ》だから、そんなことをした日にゃ、反対《あべこべ》に何をされるかわからないから、それでも悔しいから面当《つらあ》てに、軒《のき》に首ィ括《くく》って死んでやろうとも思ったんだけどな。お前が心配するだろうと思って、もし、俺が死んだってことを聞いたらよ……、(泣きながら)お前が力を落とすだろうと思うから、俺は悔しいのを我慢《がまん》して、(鼻をすすり)人に道を尋《たず》ねながら、こうして歩いて帰ってきたんだ。これも俺《おれ》の眼が不自由だから他人に馬鹿《ばか》にされるんだと思うとね……。それでな、俺は考えたんだ。茅場《かやば》町《ちょう》のお薬師様《やくしさま》に一生懸命信心《いっしょうけんめいしんじん》して、一心《いっしん》にだよ、それでたとえ片っぽの眼でもいいから、ご利益《りやく》で治《なお》していただくつもりでね、俺は一生懸命に信心をしようと、歩きながら考えてきたんだ」

「まあ、どうも様子《ようす》がおかしいと思ってたんだよ。何かあったんだろうってね。いえね、信心も結構《けっこう》だけども、金さんだって他人じゃないんだ、お前さんの弟だろ? 血を分けた兄弟だからこそ、そうやって遠慮《えんりょ》のないこと言うんだよ。それをお前さんがいちいち目くじら立てても、それは大人《おとな》げない……」

「冗談《じょうだん》言っちゃいけないよ。お前はね、俺と金の奴《やつ》の兄弟の仲を悪くしまいと思って、そうやって取りなしてくれるんだろうがね、あいつはそんな人間じゃないんだ。俺はもう、今度っていう今度はあきれかえっちまった。あんな薄情《はくじょう》な奴《やつ》はいないねぇ。お前も知ってるだろ？　あいつが小さな時分《じぶん》には、俺が育てたんだよ。俺がだ。それに、仮にも俺は兄貴《あにき》だよ。（再び泣きながら）その兄貴をつかまえて、どめくらっていうのはあるかい？」

「私が悪かったよ。梅喜さん、それは金さんが悪い。兄に向かって、そんなことを言うもんじゃないね。ね、じゃあ、こうしましょう。一生懸命に信心をしましょう。あたしもね、自分の寿命《じゅみょう》を縮めても、お前さんの眼が治るように信心するから。ね、だから、もう怒《おこ》ってたってしょうがない。お前さんも疲《つか》れているだろうから、今日はゆっくりおやすみなさいな」

女房《にょうぼう》が敷《し》いてくれた蒲団《ふとん》に寝《ね》っ転がりますが、癇《かん》がたかぶっておりますから、なかなか眠《ねむ》ることができません。それでも昼間の疲れが出ましたのか、トロトロッとまどろみます。

夜が明けると、梅喜は杖《つえ》にすがって、馬道《うまみち》の家を出て、茅場町《かやばちょう》のお薬師様《やくしさま》へ、三七《さんしち》、二十一日の日参《にっさん》をいたします。

丁度《ちょうど》、その満願《まんがん》の当日。

「（お堂を前に、それまでついてきた杖を前に置き、両手をついて）お薬師様、梅喜でございます。今日が満願でございます。どうぞご利益《りやく》をもちまして、両方でいけなければ、片っぽだけでもよろしゅうございます。お薬師様？　梅喜でございます。お忘れじゃございますまいな、梅喜でございます。今日は満願でございます。お薬師様？　……あたくしの眼《め》は治らないんですか？　お賽銭《さいせん》も随分《ずいぶん》と差し上げましたが……。取りっぱなしですか? お薬師様ァ……。ダメですか? (涙《なみだ》をすすりあげて) ……よろしゅうございます! あきらめました! それじゃあ、こうしてください! ひと思いに、あたくしを殺してください! (泣きながら) さあ、お薬師様、あたくしをひと思いに殺してくださいッ!」

「おい、何を言っているんだい? これは梅喜さんじゃないか。なんだい大きな声を出して。おい、(背中を叩《たた》いて) 梅喜さんッ」

「(眼を開《ひら》いて、相手の顔を見ながら) へえ、どなたさまで?」

「(梅喜の眼があいているので驚《おどろ》いて) どなたさまって……、お前、眼があいたね?」

「ヘッ? なんです? あたくしの眼が? ……眼、眼…(両手を目の前に出してそれを見つめて) アアッ! 眼があいた! 眼があきました! 眼があきましたが……、あなたはどなたさまで?」

「不思議《ふしぎ》なことがあるもんだなあ。私は馬道の上総屋《かずさや》だよ」

「ああ、あなたが上総屋の旦那《だんな》ですか? ああ、あなたはそういう顔ですか」

「なんだい、そういう顔っていうのは」

「やっと眼があきましたもので」

「人間の一心《いっしん》っていうものは恐《おそ》ろしいもんだ。もっとも、お前さんばかりではなく、おかみさんのお竹さんが自分の寿命を縮めても、お前さんの眼を治そうと一生懸命信心をしていると聞いたが、夫婦の一念が届いたと見えるね。梅喜さん、この先も信心を怠《おこた》っちゃいけないよ」

「へえ、ありがとうございます。旦那、つかぬことをお尋《たず》ねしますが、これからどちらへいらっしゃいますか？」

「わたしは八丁堀《はっちょうぼり》まで用事があってね、この前、女房が眼を患《わずら》ったときに、お薬師様へ大変なご利益《りやく》をいただいたから、お参りに寄ったんだが、これから家へ帰るんだよ」

「左様《さい》ですか。そうしましたらね、旦那、すいませんが、あたくしを一緒《いっしょ》に連《つ》れてってくれませんか？」

「変なことを言っちゃいけないよ。眼が不自由なら、手を引っ張って連れて行ってあげないこともないが、そうやって眼があいたんだから、大威張《おおいば》りで一人で帰ったらいいじゃないか」

「いえ、それがいけないんで。眼が見えなけりゃ、どなたも付いてくださらなくてもよろしいんですが、眼があいて、こりゃうれしいと思ったら、今度はどこがどこなんだか、まるで見当《けんとう》がつかなくなってしまいましたんで……」

「なるほどねぇ。そんなこともあるかも知れないね。そいじゃあ、私が連れて行ってあげよう」

「左様《さい》ですか、少々お待ちください。（ポンポンと柏手《かしわで》を打って）お薬師様、ありがとう存じます。このご恩は決して忘れません。いずれ、お竹がお礼参りに伺《うかが》いますんで、ありがとう存じます。ありがとう存じます……。おや、旦那、この大きいのは何ですな？　これは何です？」

「これは奉納提灯《ほうのうぢょうちん》だよ」

「奉納提灯……。これが……。大きなもんですなあ。はあ。（杖をつきながら）ありがたいなあ、これから家へ帰って、お竹があたしの姿を見て、どのくらい喜ぶだろうと思うとね。早く帰って……」

「おい、梅喜さん、どうでも構わないがね、眼をあいて、杖をついてるのはおかしいよ」

「え？　アハハ、そうですか。長いこと癖《くせ》になってるものですからね。旦那の前ですがね、この杖にも……（涙声になって）長いこと厄介《やっかい》になりました。あたしはそれを忘れないように、これを家にお祀《まつ》りします。旦那、あたしはうれしくてねえ。でも……、アアッと……、ああ、びっくりした！　旦那、前を今、スーッと行きました、あれは何です？」

「あれはお前、人力車《じんりきしゃ》だよ」

「ああ、そうですか。あれが……。あたしの子どもの時分《じぶん》にはあんなものはなかった。よく家内《かない》が、お前さん、車は危《あぶ》ないって、出かけるたびに言ってましたが、あれが車ですか。あれに乗ってるのは女のようですね」

「芸者《げいしゃ》だね」

「あれが……。どうですか。あたしにはよくわかりませんが、いい女のようですね」

「いい女って、東京で何《なん》の何某《なにがし》という一流の芸者だよ」

「あれが……。そうですかねぇ。旦那、つかぬことを伺《うかが》いますが、あたしのとこのお竹と今の芸者とでしたら、どっちがいい女でございましょう？」

「変なことを聞いちゃ困《こま》るよ。わかりそうなもんじゃないか」

「するとなんですか？　お竹の方がいいということですか？」

「おい、図々《ずうずう》しいことを言っちゃいけないよ。今、東京で指折《ゆびお》りの芸者だよ。お前さんのところのお竹さんは、これは言いにくいけど、東京で何人っていう指折りの……まずい女だ」

「そんなにお竹はまずうございますか？」

「よく悪口に『人三化七《にんさんばけしち》』なんてことを言うがね、お前さんには悪いけど、お竹さんは『人《にん》なし化十《ばけじゅう》』でね、人間の方の籍《せき》が遠いよ」

「『人なし化十』ですか……。そうですか……、そんな女とは知らずに、長いこと夫婦になってたんですね。知らないなんていうのは、みっともないことで……」

「おい、ふざけたことを言っちゃいけないよ。『人は眉目《みめ》よりただ心』だよ。いくら顔容貌《かおかたち》が良くったって、心だてが悪かった日にゃ、なんにもならない。お前さんのところのお竹さんは、心だてから言ったら、東京はおろか、日本に何人と言っていい人だよ。貞女《ていじょ》だよ。お前さん一人に稼《かせ》がしちゃすまないと、夜も寝《ね》ないで仕事をして、お前さんの手助けをする。第一、お前さんに口答えしたことがないじゃないか。私が家内に小言《こごと》を言うときには、いつもお前さんのところのお竹さんが引き合いに出るくらいなんだ。しかしね、似たもの夫婦なんてことを言うがね、お前さんのところぐらいちょっと変わった夫婦はないよ。今、言う通り、おかみさんは悪いけど、まずい女だ。それとは反対に、お前はいい男。役者にだってお前さんぐらいの男はいないと言ってもいいぐらいだ。……そうだ、役者で思い出したがね、お前、山《やま》の小春《こはる》を知ってるかい？」

「ええ、存じております。春木屋《はるきや》の姐《ねえ》さんでしょ？　お療治《りょうじ》に伺《うかが》いますよ。お得意《とくい》さんでございますから」

「その小春にこの間会ったよ。芸者を五、六人呼んで飯を食ったんだが、そのときに役者の噂《うわさ》になって、あの役者がいい男だ、この役者がいい男と、役者の噂《うわさ》をしてたんだが、そこへ小春が入って来て、『お前さん方《がた》はいい男っていうと役者の噂をするが、世の中には役者ばかりがいい男じゃない。うちへ来る按摩《あんま》、あのくらいいい男は役者にもいない』って言うんだ。『小春さん、それは梅喜のことじゃないかい？』と返したら、『旦那、よくご存じで。あたしゃ、あのくらいいい男っていうのを見たことがないよ。いい男っていうと、険《けん》があったり、嫌味《いやみ》があったりしていけないもんだけど、嫌味もなんにもないすっきりとしていて、あれで眼があいていたら、あたしゃうっちゃっとかないよ。ひと苦労をしてみたい』なんて、小春がね、お前に岡惚《おかぼ》れしていたよ」

「へへへ。旦那、からかっちゃいけませんよ。嫌《いや》ですねぇどうも……。旦那、向こうから来たのは、あれは女乞食《おんなこじき》でしょ？ あの女乞食と、お竹とだったら、どっちがまずうございますか？」

「そりゃあ、あの女乞食の方がいくらかいいだろう」

「あれよりまずい？ 情けないね、どうも……。おや？ 大変賑《にぎ》やかなところへ来ましたね。ここはどこですか？」

「浅草の仲見世《なかみせ》だよ」

「仲見世？ ちょいと待ってください。仲見世なら、ちゃんと心得《こころえ》ています。ちょいと待ってくださいよ。

（眼を閉じて杖《つえ》を突《つ》いて）ああ、仲見世だぁ」

「おい、変な格好《かっこう》をしちゃいけないよ」

「すみません。なるほど賑《にぎ》やかですな。これが仁王門《におうもん》ですね。あ、旦那、ご覧《らん》なさい、鳩《はと》ですよ、鳩……、可愛《かわい》いじゃありませんか。あ、これがお堂だ。そうでしょ？ 旦那、あたしゃね、いつもお堂の下からお参りしてて、一度、上に上がってお参りしたいと思ってて、旦那、付き合ってください」

「あぶないよ、大丈夫《だいじょうぶ》かい?」

「へへへ、大丈夫ですよ。ありがたいなあ、どうも。(ポンポンと柏手《かしわで》を打って)へえ、このご恩は決して忘れません。いずれお竹がお礼参りに伺います。ありがとう存じます。ありがたいなあ。あ、旦那ご覧《らん》なさい。大変なお賽銭《さいせん》ですねぇ。ご利益《りやく》があるんですね。あたしゃ、一年働いたってこんなにお金はいただけませんよ。観音様のご利益……。あ、旦那、旦那、ご覧なさい。不思議《ふしぎ》、不思議……、箱の中から人間が出てきました」

「箱の中から人間が出てくる奴《やつ》があるかい。あれは姿見《すがたみ》だよ。お前さんと私の体が向こうへ映《うつ》っているんだ」

「え? あたくしと……。なるほど、あたくしはいい男ですなぁ。あなたはこっち? ハハハ、あなたはまずい面《つら》だ」

「おい、変なことを言っちゃいけないよ」

「旦那、すいません。勘弁《かんべん》してくださいよ。旦那、旦那ッ。おや? いなくなっちゃった。怒《おこ》って帰っちゃったのかな? (大きな声で左右を見ながら)旦那、上総屋の旦那ッ!」

「そこにいるのは梅喜さんじゃあないかい?」

「へい、あたくしは梅喜でございますが、あなたはどなた様で?」

「まあ、声柄《こいがら》で知れそうなもんじゃないか。あたしゃ、山の小春だよ」

「へ？　あなたが小春さん？……（膝《ひざ》を打って）なるほどォ、いい女だ」

「何を言ってるんだね？」

「姐《ねえ》さん喜んでください。あたくしはね、こうして眼があきました」

「本当にうれしいじゃないか。今ね、上総屋の旦那にお目にかかったらね、梅喜がこれこれこういう訳で眼があいて、お堂にいるてぇから、あたしゃあんまりうれしいから飛んで来たんだけども、梅喜さんよかったねえ」

「姐《ねえ》さん喜んでください。あたくしはこんなうれしいことはございません」

「どこかでご飯を上げたいと思うんだけど、お前さん一緒《いっしょ》に付き合っておくれでないか」

富士横丁《ふじよこちょう》の富士下にある「釣堀《つりぼり》」という待合《まちあい》へ二人が入ります。

上総屋の旦那が梅喜の女房であるお竹に話をすると、それを喜んだお竹はお堂へやって来ますが、梅喜の姿が見当たりません。うれしさあまりに軽はずみなことして、怪我《けが》でもしなければいいがと、お堂の上から探しておりますと、確かにそれらしい二人連《づ》れが富士横丁の方へ入っていきますから、あとから隠《かく》れてついて行きます。そして二人が入った店の庭の植え込《こ》みから中の様子《ようす》をうかがっております。

中では差し向かいで、

「さあ、梅喜さん、お前さん、お上がりよ」

「姐さん、もうお酒は頂戴《ちょうだい》いたしません。お猪口《ちょこ》に二杯《はい》いただいたら、いい心持ちになりました。へえ、お汁《しる》の方を……、（椀《わん》の蓋《ふた》を取って）これは味噌汁《おつけ》ですね」

「それは味噌吸物《みそずいもん》って言うんだよ」

「これが？　さようですか。まさか、こうして眼があいて、姐さんにご馳走《ちそう》になろうとは思わなかったな……。（箸《はし》を取って）では、頂戴《ちょうだい》いたします。（ひと口食べて）ああ、うまいなあ。うまいわけだ、中はお魚だ。あたしなんかは奢《おご》ったところで、菜っ葉《なっぱ》か豆腐《とうふ》ぐらいのもんで……、この前にある、これは何です？　え？　お刺身《さしみ》ですか？　これが……。このお刺身の色はどこかで見たことがありますよ。……あ、そうだ、提灯《ちょうちん》の色とおんなじだ」

「何をお言いだね」

「（大声で笑い）はッはッはッは、あいすいません」

「梅喜さん、本当によかったねえ。今だから話をすると、本当のことを言うとね、あたしゃお前さんを……、長いこと思ってるんだよ。いくらあたしが思ってたって、お前さんにゃ、立派《りっぱ》なおかみさんがあるからつまらないやね」

「家内？　冗談《じょうだん》言っちゃいけません。あたしゃあ知らなかった。よく聞いたら、あれは『人なし化十』だって言うじゃありませんか。驚《おどろ》きましたねぇ。こうして眼があいたら、あんなかみさんと一緒にはいられませんよ」

「それじゃあ、お前さん、今のおかみさんと別れるつもりかい？」

「つもりにもなんにも、化物《ばけもの》みたいのと一緒《いっしょ》にいるのはみっともないから、別れちまいます」

「それじゃあ、梅喜さん、お前さん、あたしを女房《にょうぼう》にしておくれではないか？」

「姐《ねえ》さん、本当ですか？　からかっちゃいけませんよ。ありがたいなあ。あなたが女房になってくれればね、あたしゃ、うちの化けべそ、あれは叩《たた》き出しちまいます」

「（梅喜の胸倉《むなぐら》を掴《つか》んで）ちょいと！　梅喜さん！」

「（それをふりほどこうとして）なんだい！　出し抜《ぬ》けに！　人の胸倉ァつかまえて、お前はなんだ！」

「（胸倉を掴みながら涙ぐんで）何もくそもあるか！　この薄情《はくじょう》野郎！　お前の女房の、あたしゃお竹だ！」

「え？　お竹か？　しまった。堪忍《かんにん》してくれ！　おいッ、苦しい！　おいッ、お、お竹ーッ！………」

「（梅喜のことをゆすりながら）梅喜さんッ、梅喜さんどうしたんだよ？　梅喜さん、梅……」

「（息を切らして）俺が悪いって、そうあやまってるじゃないか。だから俺が……。ん？　なんだい、お竹じゃないか。お前、今、俺の喉《のど》を締《し》めやぁしないか？」

「何を言ってるんだね、この人は。あたしゃ台所で、水仕事してると、お前さんがあんまりうなされてるから飛んで来たんだけども、梅喜さん、何か恐《こわ》い夢でも見たんじゃないかい？」

「え？　……。ああ……、夢か……」

「さあ、ご飯が出来ましたよ。これを食べて、一生懸命信心をしてね」

「お竹、俺はもう信心はやめだ」

「昨日まで思いつめた信心を、何で今日になってよす気になったんだい？」

「（寂《さび》しそうな笑い声で）ヘッヘッヘッヘッへ、めくらなんていうのは妙《みょう》なもんだ。寝ているうちだけ、よーく見える」

●作品の背景●

当シリーズでも紹介している、『怪談牡丹燈籠《かいだんぼたんどうろう》』（「浪曲・怪談」の巻に収載）や『芝浜《しばはま》』、『文七元結《ぶんしちもっとい》』といった名作落語をつくった三遊亭圓朝《さんゆうていえんちょう》（天保十年（一八三九）～明治三十三年（一九〇〇））が、弟子《でし》であり盲目《もうもく》の音曲師《おんぎょくし》であった圓丸《えんまる》（生没年不詳《ふしょう》）から聞いた実体験をまとめた一席と言われています。

圓朝のものとされる速記では、梅喜は療治《りょうじ》が下手《へた》で、横浜の知り合いに声を掛《か》けられて出掛けたところで弟と喧嘩《けんか》をしたり、梅喜の眼があいた代わりに女房の眼が見えなくなってしまったりと、ここで紹介《しょうかい》したものとは異なった設定であることが見て取れます。

のちにこの噺《はなし》を得意にした、昭和の名人の一人、八代目桂文楽《かつらぶんらく》（明治二十五年（一八九二）～昭和四十六年（一九七一））がこしらえ上げたといってもいい作品で、現在でも柳家《やなぎや》さん喬《きょう》や入船亭扇遊《いりふねていせんゆう》といった落語家が演じています。

知っておきたい用語集

流《なが》す　客を求めて移り動く。

療治《りょうじ》　病気やけがなどをなおすこと。治療。

嗚咽《おえつ》　声をつまらせて泣くこと。むせび泣き。

事《こと》を欠く　必要な物がなくて不自由する。不足する。事欠く。

面当《つらあ》て　快く思わない人の面前《めんぜん》で、わざとあてこすりを言ったり意地悪《いじわる》をしたりすること。

茅場町《かやばちょう》のお薬師様《やくしさま》　徳川家康《とくがわいえやす》が江戸城鎮守《ちんじゅ》の山王《さんのう》日《ひ》枝神社《えじんじゃ》の神輿《みこし》が渡《わた》る所である山王御旅所《おたびしょ》を南茅場町に設置した際に、寛永《かんえい》十二年（一六三五）に建立《こんりゅう》した薬師堂。薬師信仰《やくししんこう》（病気が治《なお》るというご利益《りやく》があるとされる薬師如《にょ》来《らい》を信仰すること）が盛んであった江戸時代には多くの参《さん》詣客《けいきゃく》で賑《にぎ》わった。

一生懸命《いっしょうけんめい》　「一所懸命《いっしょけんめい》」から出た語で、命がけで事に当たること。

信心《しんじん》　加護《かご》や救済《きゅうさい》を信じて、神仏《しんぶつ》に祈ること。

一心《いっしん》　心を一つのことに集中すること。また、その心。

目《め》くじら立てる　目をつり上げる。ささいなことを取り立ててとがめる。

癇《かん》がたかぶる　気分や感情などが高まる。興奮状態《こうふんじょうたい》になる。

馬道《うまみち》　浅草寺《せんそうじ》の近くにかつてあった町名で、現在の東京都台東区浅草一～六丁目と花川戸《はなかわど》一～二丁目周辺。

日参《にっさん》　寺院や神社に毎日お参りすること。

満願《まんがん》　あらかじめ期限を定めた神仏への祈願《きがん》の日数《にっすう》が満ちること。

八丁堀《はっちょうぼり》　東京都中央区の地名で、慶長《けいちょう》年間（一五九六～一六一五）に京橋川の先に掘られた掘割《ほりわり》が八丁（一丁は一〇九メートル）あったことに由来する名で、町奉行の与《よ》力《りき》や同心《どうしん》の屋敷《やしき》があった。

厄介《やっかい》になる　生活の面倒《めんどう》をみてもらう。宿や住む場所、食事の世話をしてもらう。

人力車《じんりきしゃ》　後ろの座席に人を乗せ、梶棒《かじぼう》を両手で持ち、人の力で引く二輪車《にりんしゃ》。明治～大正にかけて利用された。現在でも浅草などの観光地で見掛《みか》ける。

芸者《げいしゃ》　歌舞《かぶ》や音曲《おんぎょく》を行い、酒宴《しゅえん》の席に興《きょう》を添《そ》えることを職業とする女性。芸妓《げいぎ》。

人三化七《にんさんばけしち》　人間らしい部分が三分《さんぶ》で、化《ば》け物《もの》のような部分が七分《しちぶ》であるという意味で、容貌《ようぼう》の醜《みにく》いこと。

籍《せき》　戸籍《こせき》。資格。

眉目《みめ》　眉《まゆ》と目から、転じて、顔かたちや容貌《ようぼう》。

心《こころ》だて　気だて。性質。心ばえ。

貞女《ていじょ》　夫に対して貞節《ていせつ》（女性が夫以外の男性に身や心を許さないこと）を固《かた》く守る女性。

口答《くちごた》え　目上の人に逆らって言い返すこと。

険《けん》がある　顔つきや話し方に、他人を不快《ふかい》にさせる冷たくきつい印象や感じがあること。

うっちゃる　そのまま手をつけずにほうっておく。ほったらかす。

岡惚《おかぼ》れ　他人の恋人や親しい交際《こうさい》もない相手をわきから恋すること。自分の方だけがひそかに恋していること。片思い。

仲見世《なかみせ》　社寺の境内《けいだい》などにある店。特に、浅草の雷《かみなり》門《もん》から観音堂《かんのうどう》前に続く商店街が有名。

仁王門《におうもん》　仁王像を左右に安置《あんち》してある寺院の門。

お堂《どう》

↓浅草寺《せんそうじ》　東京都台東区浅草にある聖観音宗《しょうかんのんしゅう》の本《ほん》山《ざん》。山号《さんごう》は金竜山《きんりゅうざん》。太平洋戦争後に天台宗《てんだいしゅう》から独立。推《すい》古《こ》三十六年（六二八）に隅田川《すみだがわ》で発見されたといわれる観音像を河畔《かはん》に祀《まつ》って建立《こんりゅう》された寺院。

姿見《すがたみ》　全身を写して見ることができる大型の鏡《かがみ》。

声柄《こえがら》　声のようす。声のぐあい。

待合《まちあい》　待ち合わせや男女の密会《みっかい》（こっそり会うこと）、客と芸妓《げいぎ》の遊興《ゆうきょう》などのための席を貸し、酒食《しゅしょく》を供する店。待合茶屋《ちゃや》。

音曲師《おんぎょくし》　寄席《よせ》などで、端唄《はうた》（江戸の庶民《しょみん》の間で流行し三味線《しゃみせん》を伴奏《ばんそう》にする歌）や都々逸《どどいつ》（七・七・七・五調で、三味線の伴奏に合わせて唄《うた》う粋《いき》な歌）などを唄《うた》う芸人。

芝浜
（しばはま）

●作品のポイント●

落語の中に登場する夫婦というと、腕《うで》はいいのに、何かきっかけがあって仕事を怠《なま》けている亭主《ていしゅ》と、一《いっ》生懸命《しょうけんめい》にその尻《しり》を叩《たた》く女房《にょうぼう》というのがお定まりのようです。

この噺《はなし》に出てくる夫婦《ふうふ》もその一組で、お得意（お客さん）をたくさん持つ腕を持ちながらも、酒に溺《おぼ》れて商売を怠《なま》けている魚屋の勝五郎《かつごろう》のことを女房《にょうぼう》がどうやって立ち直らせるのかが描《えが》かれています。

描かれる季節は冬。事の起こりは、現在のＪＲ田町駅そばの「芝浜」と呼ばれた魚河岸《うおがし》のあった海辺《うみべ》です。久し振《ぶ》りに仕事場へ出掛《か》けた魚勝《うおかつ》は財布を拾ったと喜んで帰ってきますが、女房はそれを心から喜ばず、それをいいきっかけにして、夫の勝五郎を立ち直らせるように仕向《しむ》けます。そこには酸《す》いも甘《あま》いも噛《か》み分けた夫婦だからこそその情愛あふれる作戦があり、女房の思いはどういったもので、最後に亭主《ていしゅ》はどんなことに気づかされるのか。夫婦のあり方といったものを感じ取れる名作落語です。

【本題】


「ねぇ、お前さん、起きとくれよ」

「ううん……。わかったよ。ヤケな起こし方をするなよ、起きるよ。一体、なんだい？」

「なんだいじゃないよ、早く支度《したく》をして、商《あきな》いへ行っておくれよ」

「商い？」

「お前さん、夕べ約束したじゃないか。今日から商いへ行くってさ。だから夕べ沢山《たくさん》飲ませたんじゃないか。商いへ行ってくれないと困るよ」

「そんな約束したか？ そうか……。いいじゃねぇか、休みついでにもう少し……」

「馬鹿《ばか》なこと言ってちゃいけないよ。釜《かま》の蓋《ふた》が開かないよ」

「釜の蓋が開かなきゃ、鍋《なべ》の蓋でも開けりゃいいじゃねぇか」

「鍋の蓋だって開かないよ。グズグズ言ってないで、早く商いへ出ておくれよ」

「行かねぇ訳じゃねぇよ。そうガミガミ言うと、行く気を失うじゃねぇか。行くにしてもよ、もう十日も半月も商いを休んじまってるんだ。得意先にはもう他の魚屋が入ってるに決まってるよ。そうなりゃ、引っ込みがつかねぇじゃねぇか」

「何を言ってるんだよ。お前さんが『魚勝《うおかつ》でございます。長く休んでいてすみません。今日から商いに出ますんで、またお願い申し上げます』って言ってごらんよ。お得意様のことだよ、魚の一匹《ぴき》だって買ってくれるよ。それとも何かい？　お前さんは他の魚屋に取られたお得意を取り返すだけの腕《うで》がないのかい？」

「なに言ってやがんだい！　こっちはガキの時分《じぶん》からの魚屋だ。他の魚屋に引けを取る訳ねぇじゃねぇか。だけどもよ、行くって言ってもなんだよ、半月も休んでたら盤台《はんだい》がゆるんで水が漏《も》るだろう」

「魚屋の女房だよ。糸底《いとぞこ》に水が張ってあるからね、ひとったらしも水なんか漏らないよ」

「包丁《ほうちょう》は？」

「お前さんもそこまでは了見《りょうけん》が腐《くさ》っていなかったんだね。包丁を研《と》いで、そばがらに突っ込んであるから、活《い》きのいい秋刀魚《さんま》のようにピカピカ光っているよ」

「草鞋《わらじ》は？」

「出てます」

「やけに手回しがいいな。仕入れの銭《ぜに》だって必要だよ」

「馬入《ばにゅう》に入ってるから大丈夫《だいじょうぶ》だよ。やな顔をしないで行っておくれよ」

「わかったよ」

「どうだい？　草鞋は新しいし、気持ちがいいでしょ？」

「良かない。気持ちがいいなんていうのは、朝、ゆっくり布団《ふとん》の中で寝《ね》てられるのをそう言うんだよ」

「そんなこと言わないで、しっかりやっとくれよ。河岸《かし》へ行って喧嘩《けんか》なんかしないでおくれよ！」

「（天秤棒《てんびんぼう》を担《かつ》いで）何を言ってやがんだい、喧嘩なんかするかい……。おお、寒ぅ、外は真っ暗だ。起きてる家なんか一軒《けん》もありゃしねぇよ。起きてるのは俺《おれ》とムク犬ぐれぇだよ。因果《いんが》な商売だね、まったく。何でこんな商売を選んじまったのかね……。お、磯臭《いそくせ》ぇ匂《にお》いがしてきやがった。この香《かお》りをきくと、悪い商売だとも思わないね。（あたりを見回しながら）何でぇ、問屋《とんや》は一軒《けん》も開いてねぇじゃねぇか。何だ？ せっかく出てきたのに、今日は店は休みか？ あ、鐘《かね》がなってる。切通《きりどおし》しの鐘だ。いい音色《ねいろ》だなあ。……ん？ 何でぇ、一刻《いっとき》早ぇじゃねぇか。かかあの奴《やつ》ぁ、時間を間違《まちが》えて早く起こしやがったんだ。いまいましいなあ。家に帰って踏《ふ》み倒《たお》してやろう……と思っても、またすぐ帰ってこなきゃならねぇしな。いいや、浜《はま》に下《お》りて、顔でも洗っているうちに明るくなってくるだろう」

盤台を砂地のところへ下ろしまして、顔を洗ってさっぱりとする。懐《ふところ》から煙草《たばこ》入れを出して、煙草を詰《つ》めて吸っていると、日が出てきたので柏手《かしわで》を打って（手をパンパンと叩《たた》いて）、

「お天道《てんとう》様、今日からまた商いに出ますんで、どうぞよろしくお願いいたします」

波が打ち寄せる海を眺《なが》めていると、日の照らす波の間に何か動いているのが見えるので、煙管《きせる》でもって雁首《がんくび》を取られないように引き寄せてみると、

「何でぇ、あ、財布《さいふ》だよ。汚《きた》ねぇ財布だなぁ、革の財布だよ。ヌルヌルしてるじゃねぇか、気持ち悪いな。それにしても随分《ずいぶん》と重いな、幾《いく》ら入っているんだ？」

財布の中に手を入れて探ってみると、（驚《おどろ》いた表情で）それをあわてて盤台へ入れ、天秤棒を担《かつ》いで駆《か》け出します。

（家の戸を叩きながら）ドンドンドン、ドンドンドン。

「おっかあ」

ドンドンドン、ドンドンドン。

「おっかあ」

「はい、今、開けます。すみません。一刻《いっとき》早く起こしちゃったんで、お前さん怒《おこ》ってるだろうなあと思って、すぐに後を追い掛《か》けたんだけどもね、ほら、お前さん、足が速いだろ？（戸を開けて）どうしたんだいお前さん？ 喧嘩《けんか》でもしたのかい？」

「後ろから誰《だれ》か追っかけてこねぇか？ こない？ そうか。お前、一刻早く俺《おれ》を起こしたな」

「ごめんよ」

「いや、俺はあれから河岸《かし》へ行ったんだけどな、店は一軒も開いてねぇや。そこでな、面《つら》でも洗おうと浜へ下りて、一服《いっぷく》してるとよ、動いているものがあるから、煙管で引き寄せたら、それが財布だ。中身をザッと見てみたんだけどな、銭が入っていたんであわてて帰ってきたんだ。これだよ、いくら入っている？」

「財布を拾った？ この財布をかい？（財布を手に取って）随分と重たいねえ。銭《ぜに》が入ってんのかい？ あら、お前さん、こりゃ、銭じゃないよ、小粒《こつぶ》だよ、お金だよ。大変だよ。（右手で数え、数え終えた金を右へ寄せながら）チュウ、チュウ、タコ、カイ、ナ、チュウ、チュウ、タコ、カイ、ナ、チュウ、チュウ、タコ、カイ、ナ……」

「じれってぇ勘定《かんじょう》の仕方してやがんな。こっちへ貸してみろ。（同じような手つきで）ひとよ、ひとよ、ひとよ、ひとよ、ふたあ、ふたあ、ふたあ、ふたあ、みっちょい、みっちょい、みっちょい、みっちょい……。おっかあ、四十二両あるぜ」

「大変なお金だね」

「どうでぇ、昔っから早起きは三文《さんもん》の徳って言うが、四十二両の得だ。これだったら釜の蓋も開くだろ？　ありがてぇなあ。明日《あした》から商いに行かなくったって、朝から晩まで酒飲んでてもビクともしないだろう。うれしいね。それから、ここんところ寅《とら》や金《きん》の野郎に借りがあるんだ。今日はあいつらを呼んで、ふんだんに飲ませて食わせてね、借りを返さなくちゃ」

「何を言ってるんだよ。まだ夜が明けたばかりじゃないか、昼過ぎになったらそうすればいいじゃないか」

「そうか、あんまりうれしいんでね。でも、昼過ぎまでつなぐのは大変だ。夕べの酒は残ってねぇか」

「沢山《たくさん》残っているよ。徳利《とくり》に残っているよ」

「なに？　夕べの酒が残ってるって？　俺《おれ》もずいぶんと弱くなったもんだ……」

勝五郎は一杯《いっぱい》ひっかけると、ぐっすりと寝込《ねこ》んでしまいます……。

「ねぇ、お前さん、起きておくれよ」

「えっ、なんだい？」

「なんだいじゃないよ、商《あきな》いへ行っておくれよ」

「なに？」

「商いに行っておくれって言うんだよ」

「何だい、商いって」

「お前さん、夕べ約束したじゃないか。お前さんが商いに行かなくちゃ、釜の蓋が開かないじゃないか」

「はじまりやがったな。また釜の蓋だって言いやがらぁ。釜の蓋なんて、昨日《きのう》の四十二両で開けときなよ」

「なんだい？　四十二両って」

「なんだいじゃねぇよ。ほら、昨日、お前に渡《わた》した……」

「お前さんが私に渡したって？」

「ほら、あれだよ。俺ァ昨日芝《しば》の浜《はま》へ行って、四十二両入った革の財布を拾ってきたろ？」

「何を言ってるんだよ。どこでそんなもの拾ったんだい？」

「おい！　お前に渡《わた》したろ？　そりゃあ、少しぐらい抜《ぬ》くのは構わないけど、四十二両そっくり抜くなんてひどいじゃねぇか」

「何を言ってるんだよ。お前さんから一文《いちもん》だってもらいはしないよ。お前さん、寝《ね》ぼけてるのかい？　情けないねえ、お金が欲しいからって、そんな夢を見たのかい？」

「夢ェ？　夢にしちゃ、随分《ずいぶん》とはっきりしてるなあ。昨日の朝に、俺はお前に起こされて芝の浜へ行ったろ？　それで四十二両入った革の財布を拾ってきて、小粒を勘定《かんじょう》して、お前に渡したじゃねぇか」

「お前さん、昨日の朝、芝の浜へなんぞ行きゃあしないよ。あたしがお前さんを起こしたら、『うるせぇ』って言って、私のことを怒鳴《どな》りつけて、また手荒《てあら》な真似《まね》なんかされちゃいけないと思うから、そのままにしといたら、お前さんまたグーグーいびきかいて寝ちゃって、昼過ぎになったら手拭《てぬぐ》い持ってお湯へ行って、帰りに寅さんだとか金さんを大勢《おおぜい》連れてきて、『おっかあ、酒の用意をしろ』って、何が楽しいんだかわからなかったけども、お友達の手前、お前さんに恥《はじ》をかかせちゃいけないと思うから、都合《つごう》をつけて用意したんじゃないか。それでお前さんは一人で騒《さわ》いで、さんざん飲んで、またいびきかいて寝ちゃったんじゃないか。芝の浜へなんか行きゃしないよ」

「俺が？　昨日？　芝の浜へ行かねぇ？　じゃあ、切通しの鐘はどこで聴《き》いたんだよ」

「何を言ってるんだよ。鐘はここだって聴こえるじゃないか。ほら、今鳴ってるのが切通しの鐘じゃないか」

「……ゆ、……夢だ！　俺は子どもの頃《ころ》から、時々、ハッキリした夢を見るんだ。じゃあ、なんだ、金を拾ってきたのは夢で、友達を連れてきて酒を飲んだのは本当か？　悪い夢を見たなあ。俺はもう十日も半月も商いを休んでるんだ、あんなに飲み食いした日にゃ、勘定《かんじょう》が出来めぇ。……おっかあ、死のうか？」

「何を言っているんだい。お前さんが死ぬ気になって商いをしてくれりゃあ、あんなものは訳ないじゃないか」

「俺が商いに行きゃ、何とかなるか？　よし！　俺は商いに行く。俺は今日から一滴《いってき》だって酒は飲みゃしないよ。それで商いに精を出すからな。でも、商いに出るって言ってもな、半月も休んでたら盤台がゆるんで水が漏るだろう」

「糸底に水が張ってあるから大丈夫だよ。すぐにだって使えるようになってるよ」

「そうか、包丁《ほうちょう》は？」

「ピカピカ光ってるよ」

「草鞋《わらじ》は？」

「出てます」

「……夢にもこんなところがありゃあがったな。そうか、よし、行ってくるぜ」

「しっかりやっとくれよ。喧嘩《けんか》しちゃいけないよ」

「大丈夫だ（天秤棒《てんびんぼう》を担《かつ》いで家を出ていく）」

昨日《きのう》までとは人間がガラッと変わって、よく働く。元々腕《うで》のいい魚屋ですから、いい魚を仕入れてお客へ持っていくと、『やっぱし勝公《かつこう》のところの魚は違うな』とそれが評判《ひょうばん》になって、お得意も戻《もど》り、また新しい客も増えていきます。

三年経《た》つか経たないうちに、裏長屋《うらながや》にいた棒手振《ぼてふ》りが、表通りに店を持つまでになって、若い者を二、三人使うようになります。

丁度《ちょうど》三年目の大晦日《おおみそか》。

「お帰んなさいまし。おかみさん、親方がお帰りになりました」

「お帰んなさい。早かったね」

「グズグズ入っていられねえや、芋《いも》を洗うようだ。何だよ、おめえたちも早く片付けちまってな、道具だけは大切にしとけよ。それでな、湯は汚《よご》れるばっかりだからな、早く行って来いよ。戸は一枚だけ開けておいてな、それからもっと炭をついでおきな。表から勘定《かんじょう》を取りに来る人は寒いんだからな。こういう日は火が何よりのご馳走《ちそう》だからな」

「大丈夫《だいじょうぶ》だよ。もう勘定を取りに来る人は一人もありゃしないよ」

「みんな済んだのか？」

「馬鹿《ばか》だね、何を言ってるんだよ。済んでるどころじゃないよ、こっちからまだ取りに行くところはあるんだけどね、年が明けてから取りに行けばいいと思っているからね、あんまり催促《さいそく》なんかしないんだよ」

「ああ、それがいい。どうせ春になってもらえばおんなじだ」

「お前さん、上がってお茶でもおあがんなさい」

「なんだい、いやにうちン中が明るいじゃねぇか。畳《たたみ》を取っ換えたのか？」

「正月は綺麗《きれい》な方がいいと思ってね。畳屋さんに無理言って、来てもらったんだよ」

「そうかい、いい心持ちだな。昔っから言うからな、畳の新しいのと、女房の……古いのはいいねえ。明日はいい天気だぜ。いい元日だなァ。飲む奴《やつ》は楽しみだろうなあ」

「お前さんも飲みたいだろうね」

「飲みたかねえや。酒なんてのは、止めてみるとね、酒より茶の方がよっぽどうめえや。そうだお茶を入れてくれ。え、福茶《ふくちゃ》？　これぇ飲まなきゃいけねえ、そうかァ？」

「お前さん、実は聞いてもらいたいことがあるんだよ。でもね、これから話すこと、最後まで腹を立てたり、手荒《てあら》な真似《まね》をしないで聞いて欲しいんだよ。約束してくれるかい？」

「何だい、改まって。何だか知らねえけど、聞こうじゃないか」

「聞いてくれるかい。実は見てもらいたいものがあるんだよ。これなんだけど、見覚《みおぼ》えはないかい」

「汚《きた》ねぇ財布だなァ。ああ、へそくりかい？　いいんだよ。どこのかみさんだってみんなやるんだ。（財布を手に取って）随分《ずいぶん》あるなあ。お、小粒《こつぶ》じゃねぇか。女なんていうものは油断《ゆだん》のならねぇもんだな。ひとよ、ひとよ、ひとよ、ふたあ、ふたあ、ふたあ、ふたあ、みっちょい、みっちょい、みっちょい、みっちょい……。おっかあ、四十二両あるな」

「お前さん、その財布と四十二両に覚えはないかい？」

「……ん？　ある。三年前に俺は芝の浜で四十二両入った財布を拾った夢を見たことがある」

「あれは、夢じゃないんだよ。あのときの財布だよ」

「あのときの金ぇ？　手前《てめ》ェ、あれは夢って言っただろ！」

「だから腹を立てないで聞いてくれと約束しただろ。しまいまで聞いてから、ぶつなり蹴《け》るなり、好きなようにすりゃいいじゃないか。話をしなくっちゃわかんないけどね、お前さんはこの金を本当に拾ってきたんだよ。あたしは見せられたときに、悪い了見《りょうけん》でも起こしたんじゃないかって思ったけどね、そんな様子《ようす》でもなさそうだし、どうしたらいいだろうと思っているところで、お前さんがお酒を飲み直して寝ちまったのを幸いに、大家《おおや》さんのところへ相談に行ったんだ。事情を説明したらね、すぐにその金はお上《かみ》に届けなくっちゃいけない。届けないで一文《いちもん》でも手をつけてみろ、勝五郎《かつごろう》の身体は満足じゃいられなくなる。お上《かみ》の方はいいようにやってやるから、お前が勝公の方をうまくやっとけって言うから、夢だ夢だと言って騙《だま》したんだ。そしたら、お前さんはそれを信じて……。それからのお前さんは人間が変わったよ。好きなお酒を断《た》って、一生懸命《いっしょうけんめい》に商いに精を出してくれて、三年経ったらこんな店を持つこともできて、魚屋の親方になることもできた。そう思うと、お前さんに嘘《うそ》をついていて悪いとは思っていたんだけども、うっかりしたことを言って、また元のお前さんに戻《もど》られても困るし、この金だって、とうに下《さ》げ渡《わた》されていたんだけども、今日《きょう》まで黙《だま》っていて、もうこれだけの魚屋の主《あるじ》になったんだから、お前さんにもう見せても大丈夫《だいじょうぶ》だろうと思って……。そういう訳で、お前さんに嘘《うそ》をついてきたんだけども、決して私に悪気《わるぎ》があって嘘をついたんじゃない。腹が立つでしょうけど、それならあたしを殴《なぐ》るとも蹴《け》るとも……」

「お、おい、おい、ちょっと待ってくれ。ちょっと待った！ 手を上げてくれ。俺はこの金を見たら、商《あきな》いへ行くどころじゃねぇや。この金があるうちは飲んだり食ったりしようと思ってた。だけど、お前の言う通りだ。一文でもこの金に手を付けてみろ、お上《かみ》に知れた日にゃ、俺の身体《からだ》は満足じゃいられねぇや。悪くすりゃ打ち首、軽くいったところで寄《よ》せ場《ば》に送られる。挙句《あげく》の果《は》てにゃ、菰《こも》をかぶって他人の家《うち》の軒下《のきした》で震《ふる》えていなきゃならねぇ。おめえのおかげだよ。俺の方で礼を言わなきゃならねぇところだ。おっかあ、ありがとう」

「なんだねぇ、女房に手をついて礼をいう奴《やつ》があるかい。じゃあお前さん、許してくれるんだね」

「許してくれるも何もないじゃないか。俺がこうして頭を下げているんだ」

「そうかい、あたしはお前さんにうんと怒《おこ》られるだろうと思って……。今日は機嫌直《きげんなお》しにね、お前さんに一杯《いっぱい》飲んでもらおうと思って、ここにお酒の支度《したく》がしてあるんだよ」

「本当かい？（目の前に出されたお膳《ぜん》を見て）俺の好きなものばっかりじゃねぇか。やっぱり女房は古くなくちゃいけねぇな。なんだい、お燗《かん》がついてる？ え？ どうもさっきからいい匂《にお》いがしてると思った。畳の匂いだけじゃねぇと思ってたんだ。本当に飲んでいいのか。俺の方から言い出したんじゃないよ。（女房《にょうぼう》に酌《しゃく》をしてもらいながら）何年振《ぶ》りかな、こうしてお前に酌をしてもらうのは。おーッと、ひとったらしだって、こぼしたらもったいねぇや。（湯呑《ゆの》みに声をかけながら）どうもしばらく。よォく達者《たっしゃ》でいたなあ。どうだい、この匂い。いい匂いだねぇ。ありがてぇなぁ。（湯飲みを口の前に持ってきたところでしばらく考えて、湯飲みを下へ置いて）……よそう。また夢になるといけねぇ」

●作品の背景●

近代落語の祖と呼ばれる三遊亭圓朝《さんゆうていえんちょう》（一八三九〜一九〇〇）が、「酔《よ》っ払い、芝浜、財布」という三つの題をお客さんからもらって、即席《そくせき》でつくり上げた三題噺《さんだいばなし》の一つといわれています（諸説あり）。

元々は軽く聞かせる噺であったといわれていますが、ここで紹介《しょうかい》した現在演じられるような演出に変えたのは、この噺を十八番にした昭和の名人の一人である三代目桂三木助《かつらみきすけ》（明治三十五年（一九〇二）〜昭和三十六年（一九六一））とされています。

また、主人公である棒手振《ぼてふ》りが、商売道具の盤台《はんだい》の上にのせる木製の容器である「馬入《ばにゅう》」に財布を入れたことから、明治時代には『馬入』という別題もあり、財布の中に入っている金額も五十両であったり、八十二両であったりと演者によって異なります。

落語では『芝浜』、歌舞伎では『芝浜の革財布』という題で年末になると盛んに演じられ、落語の方では近年では立川談志《たてかわだんし》の名演《めいえん》が知られる他、柳家権太楼《やなぎやごんたろう》や橘家文蔵《たちばなやぶんぞう》といった落語家が聴《き》かせてくれます。

知っておきたい用語集

魚河岸《うおがし》　魚介類《ぎょかいるい》を取り引きする市場《いちば》のある河岸《かし》（川岸などにある荷揚《にあ》げ場）。

釜《かま》の蓋《ふた》が開かない　生活が成り立たない。

盤台《はんだい》　魚屋が魚を運ぶときに用いた、たらいのように浅くて大きな楕円形《だえんけい》、または円形の桶《おけ》。飯台。

糸底《いとぞこ》　陶器や入れ物の底で、底全体が地面などにべったりと接しないように輪状に突き出した部分。長く使わないでいると、木で出来ているために乾燥《かんそう》をしてしまい、水が漏《も》ってきてしまう。そこで使用する前に、盤台を裏返《うらがえ》して、糸底に水をためておく。糸尻《いとじり》。

了見《りょうけん》　気持ち、思い、考え。

馬入《ばにゅう》　盤台《はんだい》の上に重ねて置く木製の容器で、魚屋はこれに包丁《ほうちょう》や道具類を入れた。

河岸《かし》　前出「魚河岸」に同じ。

天秤棒《てんびんぼう》　両端《りょうはし》に物をぶら下げて、肩に担《かつ》いで運ぶための棒。

因果《いんが》な商売　不運な巡《めぐ》り合わせでやっている商売。

切通《きりどお》しの鐘《かね》　江戸市中に置かれた時間を知らせる時の鐘の一つで、芝増上寺《しばぞうじょうじ》の裏手《うらて》に広がる丘を切り開いてつくった「切通し」の近くにあった鐘であったことから、そう呼ばれた。

一刻《いっとき》　江戸時代の時間は、朝と夜をそれぞれ六つの時間に分けて数えた。つまり十二時間を六つに分け、その一つである現在の二時間を「一刻（一時）」と呼んだ。

煙管《きせる》　刻《きざ》みタバコ用の喫煙具《きつえんぐ》で、火皿《ほざら》、雁首《がんくび》、吸口《すいくち》からなり，その間を羅宇《らお》という竹筒《たけづつ》で接続している。

雁首《がんくび》　煙管《きせる》の頭部で、先端《せんたん》にタバコを詰《つ》める火皿《ほざら》がある。

銭《ぜに》じゃないよ、小粒《こつぶ》だよ　江戸時代の江戸における貨《か》幣《へい》体制は、単位を「両・分《ぶ》・朱《しゅ》」とする金貨と、それを支える、単位を「文《もん》」とする銭《ぜに》の二つがあった。ここでは最初、細かな銭だと思って拾ってきたところ、小粒と呼ばれる「一分金《いちぶきん》」であったことから、「銭ではなくて金である」と話している。なお、一分は一両の四分の一に値する。

早起きは三文《さんもん》の徳　早く起きればいいことがあるということわざ。三文というわずかな金でも得られるものがあるという意味。「三文の得」とも書く。

勘定《かんじょう》ができめぇ　ここでは、支払いができない、ということ。

裏長屋《うらながや》　表通りに面しているのではなく、裏通りや路地《ろじ》裏に建てられた長屋。

棒手振《ぼてふ》り　主に魚を天秤棒《てんびんぼう》で担《かつ》いで、売り声を上げながら売り歩いた商人。ぼてかつぎ。ぼうてふり。

大晦日《おおみそか》　一年の最後の日。現在の十二月三十一日。江戸時代は掛《か》け売り（品物の代金をその場でもらうのではなく後でまとめて払ってもらう商売の仕方）が多かったので、大晦日にはとくに各店が客の間を集金して回った。

芋《いも》を洗う　狭《せま》い所で大勢《おおぜい》の人がひしめき合って大変混雑《こんざつ》している様子。

畳《たたみ》の新しいのと……　「女房《にょうぼう》と畳は新しい方がよい」という俗諺《ぞくげん》（世間で言われていることわざ）で、「妻と畳の新しいのは、新鮮《しんせん》な気分がしてよい」という意味がある。

福茶《ふくちゃ》　黒豆、昆布《こんぶ》、梅干《うめぼ》し、山椒《さんしょう》などを入れた煎茶《せんちゃ》。大晦日《おおみそか》、正月、節分などに縁起物《えんぎもの》として飲む。

お上《かみ》　時の政治を執《と》り行う機関や為政者《いせいしゃ》を指すが、ここでは奉行所《ぶぎょうしょ》や奉行を指す。

寄《よ》せ場《ば》　人足寄場《にんそくよせば》の略。正式名称は加役方人足寄場《かやくかた》。江戸幕府《ばくふ》が設けた無宿人《むしゅくにん》の収容所で、寛政《かんせい》の改革に際し、火付盗賊改《ひつけとうぞくあらため》 長谷川平蔵《はせがわへいぞう》の建議《けんぎ》により、松平定信《まつだいらさだのぶ》が寛政《かんせい》二年（一七九〇）に石川島に設けた収容所のこと。所内では無宿人や刑期を終えた浮浪人《ふろうにん》などに、大工や建具、塗物《ぬりもの》などの技術を修得させて更生《こうせい》をはかった。

菰《こも》　むしろのこと。乞食《こじき》が菰をかぶっていたところから乞食の別称ともなった。ここでは、乞食になってしまったかもしれないと話している。

落語 講談

井戸の茶碗
〈いどのちゃわん〉

長屋 人情 武士 親子 思いやり 情愛 正直 出世

●作品のポイント●

「正直の頭《こうべ》に神宿《かみやど》る」という言葉があります。正直な人は神が守り、助けてくれるという意味ですが、正直に生きることは人間が生きていくときのモラルの表れの一つとは言え、あまりにも正直すぎると、この噺《はなし》でも言われるように、「馬鹿《ばか》正直」と、上に「馬鹿」がついてしまいます。

この噺の特長は、出てくる人物が全員正直であり、清廉潔白《せいれんけっぱく》であるということです。高木作左衛門《さくざえもん》は若い武士《ぶし》でありながら、ごまかして生きようとすることを良しとせず、屑屋《くずや》さんも商売の上で相手に損《そん》をさせることは許せない性格です。千代田卜斎《ぼくさい》は自分でも言うように、その「馬鹿《ばか》正直」すぎたところから、今は職を失っていますが、それでもなお、正直であることが人の道だと信じています。

美談である一方で、社会で生き、人と付き合う中で、自分の信念を曲げることも時には必要であり、それによって他人の幸せを導くばかりでなく、自らの幸せを引き寄せることができる。そんなことも教えてくれる一席です。

【本　題】

麻布《あざぶ》の谷町《たにまち》に屑屋《くずや》さんで清兵衛《せいべえ》さんという人がおります。この人は曲《ま》がったことが大嫌《だいきら》いで、「正直清兵衛」と言われるぐらい。今日もいつものように屑籠《くずかご》を背負《せお》いまして、清正公様《せいしょうこうさま》の脇《わき》を「屑《くず》ぅーい」とやってくると、

「あの、もし、屑屋さん」

と呼び止められます。声のする方を見ますと、年頃《ごろ》十七、八になります娘さん。継《つ》ぎはぎだらけのごく粗《そ》末《まつ》な着物ではございますが、どことなく品《ひん》がございまして、

「恐《おそ》れ入りますが、こちらへお願いできますでしょうか」

「へい、わかりました。伺《うかが》いましょう」

案内をされて入ってまいりますと、裏長屋《うらながや》でございまして、

「あの、父上、屑屋さんを呼んでまいりました」

「ああ、そうか。これはこれは屑屋さん、どうぞこちらへ入ってな、そこをぴたりと閉めて下さい。実は屑がたまったんで、持って行ってもらいたい」

「どうもありがとうございます。こちら様は初めてでございますな。これからちょくちょく顔を出しますんで、屑がたまりましたら取っておいてくださいまし。他より値《ね》良く頂戴《ちょうだい》いたしますんで」

「そうか。では、そういたそう」

「只今《ただいま》、計ってみましたところ、七文《もん》とちょいとでございましたんで、こちらさまは初めてでございますから、今日のところは八文で頂戴してまいります」

「それは、まことにすまんな。それからな、屑屋さん。ここにある、この仏像《ぶつぞう》だがな、これを二百文で買ってもらえぬかな」

「ああ、こちらでございますか……。まことに申し訳ないんですが、あたくしはこういうものは扱《あつか》わないことにしてるんです」

「なぜだ?」

「お恥《は》ずかしい話でございますが、あたくしは目が利《き》かないもんでございますから、値踏《ねぶ》みができないもんで。値打ちのあるものを安く買って、脇《わき》へ持っていって儲《もう》けがあるなんていうのは、あまり良い心持《こころも》ちのもんじゃございませんで、その反対に値打ちのないものを高く買って、損がいくというのも癪《しゃく》に障《さわ》るんで、屑より他は扱《あつか》わないことにしてるんでございます」

「屑屋さん、それはわかるのだが、そこを何とか一つ買ってもらいたい。訳を話さんければわからんかも知れぬが、実はわしは、今は見ての通り、見すぼらしい格好《かっこう》をしているが、千代田卜斎《ちよだぼくさい》と申してな、両刀《りょうとう》を手挟《たばさ》んでおった。つまらぬことに意地《いじ》を張ったがために浪人《ろうにん》をしてしまってな、今ではここで、昼間は近所の子ども衆を集め、素読《そどく》の指南《しなん》をいたし、夜は表通《おもてどお》りへ出て売卜《ばいぼく》を生業《なりわい》といたしておるが、ここ二、三日、雨に降られ、それもままならず、また風邪《かぜ》をこじらせてな、医者よ薬よと、色々と金がかかってな、お恥《は》ずかしい話であるが、貯《たくわ》えというものもなく、まことに困っておる。なんとか二百文で買ってもらいたいのだ。屑屋さん、この通りだ（頭を下げる）」

「ちょっちょっちょっ、いけませんよ、あなた。お侍《さむらい》さんが頭なんか下げちゃ。お話はよくわかりました。困っているときはお互《たが》い様でございます。いやね、これまでお断《ことわ》りしてきた方に申し訳ないんでね。ですからこういたしましょう。あたくし、この仏像を二百文でお預《あず》かりします。で、脇《わき》へ持って行きまして二百文より高く売れましたら、儲《もう》かった分の半分はあたくしが頂戴《ちょうだい》いたします。もう半分はこちらへお届けにあがりますから、それではいかがでございましょう」

「いやいや、そのようなことはせんでもいい。屑屋さんが二百文で買ってくだされればよい」

「いや、そうさせてください。そうじゃないと、あたくしもお引き受けできませんので。よろしゅうございますか？　じゃあそういうことにいたしましょう」

屑屋《くずや》さんは仏像の代金二百文と屑の代金《だいきん》八文を置きまして、仏像を屑籠《くずかご》の一番上に乗っけて、再び「屑ぅーい」とやってまいりましたのが、細川《ほそかわ》様のお窓下《まどした》。

「屑ぅーい」

「これこれ、屑屋っ、屑屋っ！」

「へいっ！　お呼びになりましたか？」

「何やら籠の中に仏像のようなものが見えるが、それは何だ？」

「これですか？　お目に止まりましたか。さようでございます、仏像でございまして」

「古物《こぶつ》のようだな。手に取って見たいがな、門から回って来たのでは手間《てま》がかかるからな。拙者《せっしゃ》がそこへ笊《ざる》を降ろすから、その上へ仏像を乗せなさい」

「はい、さいでございますか。(降りてきた笊に仏像を乗せ) いいですか、乗せますよ。お上げくださいまし……。ええ、いかがでございます?」

「これは大層煤《たいそうすす》けておるが、なかなか良いお顔立《かおだ》ちをしておる。(手に取った仏像を振《ふ》りながら) ん? ゴトゴト申しておるな、腹籠《はらご》もりか? これは良い。気に入ったぞ。この仏像はいくらだ?」

「二百文でお預かりしたもんでございますんで、それより高ければいくらでもよろしゅうございます」

「何だ、欲がないな。わしもなるべく高く買ってやりたいのだが、実は今、懐《ふところ》具合《ぐあい》があまりよくない。どうだ、三百では売れぬか?」

「三百? へえ、結構でございます。それでしたら、百儲《もう》かりますんで。先方へ五十届けて、あたくしが五十頂戴いたしますんで、よろしくお願いいたします」

「よし、それでは笊へ入れて渡すから受け取れよ」

「へい、ありがとうございます!」

「(仏像を手にし、それを見つめながら) これは良い仏像だ。良助《りょうすけ》、良助!」

「お呼びでございますか」

「うん、こちらへ入れ。今、お窓下を通った屑屋から、この仏様を三百文にて求めつかわした。明日からこれを拝《おが》むぞ。しかしな、大層煤けておるので綺麗《きれい》にしたい。金盥《かなだらい》を塩で清めてな、ぬるま湯を入れて、新しい手拭《てぬぐ》いを添《そ》えて持ってきなさい」

早速、手に入れました仏像を洗っておりますと、台座《だいざ》部分の紙が柔《やわ》になって剝《は》がれます。すると中から包みが出てまいりましたので、それを開けてみると金《かね》でございます。数えてみると五十両ある。

「いやあ、良助。何としよう」

「大した儲《もう》けでございますな」

「たわけたことを申すな。わしは仏像は買ったが、中の小判《こばん》まで買った覚《おぼ》えはない。これを売った者は中に小判が入っていることを知らずに売ったに違《ちが》いない。元の持ち主に返してやりたいが、どこのどなたやら、屑屋の名前も聞いておらん。困ったことに相成《あいな》った。いかがいたそう」

「さようでございますな。屑屋という商売は他の商人と同じようで、おおよそ通る道というのは決まっておりますので、また近々、お窓下を通るのではないかと思いますが」

「そうか、それでは明日からお窓下を通る屑屋をみな改めよう」

明くる日になりますと、朝早くからお窓下を陣取《じんど》り、

「屑ぅーい」

「これ、これ、屑屋！ 被《かぶ》り物を取って、顔をこちらへ見せろ」

「何かお払い物でしょうか？」

「そんなことはどうでもよい。とにかく顔を見せろ」

「ちょいとお待ちください。（被り物を取って）なんでございましょう」

「何をいたしておる。早く被り物を取って、顔をこちらへ見せろ」

「ええ、もう見せておりますがな」

「ん？ それは顔か？ 大層、黒い顔であるのォ。表裏《おもてうら》がわからんではないか。よくそんな顔で表が歩けるな。いい度胸《どきょう》をしておる。お前ではない、あちらへ行け！」

「屑ぅーい」

「これこれ、屑屋、こちらへ参れ！ 被り物を取って、こちらへ顔を見せろ。おお、長い顔をしているなあ。馬にも勝《まさ》るぞ。上を見て中を見て下を見ているうちに上を忘れる顔だ。お前ではない、あちらへ行け！」

通る屑屋がみんな顔を改められるので、たちまち噂《うわさ》になります。

清正公様《せいしょうこうさま》の境内《けいだい》に小さな掛《か》け茶屋《ちゃや》がございまして、昼時分《ひるじぶん》になると、色々な商人が集まりまして、弁当《べんとう》をつかって、一服《いっぷく》していくというような具合《ぐあい》でございまして、

「おい、通ったかい？ 細川様のお窓下」

「行った、行った」

「やられたかい？ 被り物を取って顔を見せろってぇの」

「やられた、やられた」

「どうしてあんなことをしてるんだろうね。『被り物を取って、顔をこちらへ見せろ！』って言うから、顔を見せたら『それは顔か？』って言うんだよ。『それで表を歩くのか？』と言うから、『歩きます』って言ったら、『まことに度胸がある』と言いやがった。何だか褒《ほ》められたんだか、けなされたんだか、わからなくなっちゃった」

「そりゃあ、けさなされてるんだよ」

「あたしもそうだったよ。『被り物を取れ』って言うんで見せたらね、『長い顔をしているなあ。馬にも勝るぞ』ってね、やっぱり褒められた」

「褒められたんじゃないよ」

「お前たちは何にも知らねぇんだな。それにしたって、あの侍《さむらい》が探してる顔じゃなくてよかったじゃねぇか。もし似てたら大変だよ。事によったら、お前の首は胴《どう》に付いちゃいねぇんだよ」

「脅《おど》かすなよ。なんだよ、それ」

「知らないのかい？　あのお侍さんはな、お父《と》っつぁんの仇《かたき》を探してんだよ」

「仇討《あだう》ち？」

「そうだとも。あの人のお父っつぁんはさる大名の指南番《しなんばん》に納《おさ》まってたんだ。ところがそこへ別の指南番を雇《やと》ったってやつだ。指南番がいるのに指南番。合わせりゃ、八なんばんってやつだ」

「何も合わせることはねぇだろ」

「そのうちに、どっちが強いんだろうっていう話になって御前《ごぜん》試合だ。ところが、あの若侍《わかざむらい》のお父っつぁんだろ、大変に腕《うで》が立つ強い人だ。あっという間に新しい指南番をやり込めちゃった。相手はおもしろくねぇや。何とかして意趣返《いしゅがえ》しをってんで、仲間を集めて夜討《ようう》ちをかけたってやつだ。それでそいつは江戸へ逐電《ちくでん》したのを、その後を追ってきたんだね、あの若侍が」

「ふーん、でも指南番てぇぐれぇだから、侍だろう。何だって屑屋にばっかり声掛《か》けんの？」

「だからよ、屑屋に身を隠《かく》してるって知らせが耳に入ったんだなあ。……まあ、そういう話じゃないかと思ってな」

「なんだよ、つくり話かい？ まんまと一杯《いっぱい》食っちゃったよ」

「あのォ、ちょっとすいません。ことによると、それはあたくしに関《かか》わり合いがあるんじゃないかと……」

「なんだ、清兵衛《せいべえ》さんじゃないか。しばらく顔見せなかったね、どうしたんだい？」

「それがちょいと風邪《かぜ》をこじらせまして。その話をお聞かせ願えませんか？ え？ はい、はい、細川様のお窓下。（手を打って）そうですよ、ちょうど三日前でございます。若いお侍様に仏像をお売りしました」

「仏像を？ それだよ。それにしてもお前さん、屑より他に扱わないって言ってたじゃないか」

「えぇ、そうなんでございますけど、どうしてもと頼《たの》まれまして」

「ひょっとして、その仏像、大分古くなかったかい？」

「ええ、大層煤《たいそうすす》けておりました」

「やっぱりそうだ。（みんなに向かって）わかった、わかった、清兵衛さんだよ。とんでもないことしてをくれたね、お前さん。その仏像だけどね、煤けてるからそのまんまじゃいけねぇってんで、金盥《かなだらい》を塩で清めて、ぬるま湯かなんかでもって、ゴシゴシ磨《みが》いてたんだよ。そしたらあんまり古いもんだから、ポロっと首がもげたってやつだ。侍なんてのは、首が落ちるっていうのを一番嫌《いや》がんだよ。『かような物を売りつけおって、あの屑屋も同じような目に合わせてやる』って、お前さんのことを探してんだよ」

「そうですか……。で、あたくしの首を？ それは困ります」

「困るって言ったって、しょうがないよ。お前さん、やっちゃったんだから」

「ど、どういたしましょう？」

「どういたしましょうって言ったってね、あのお窓下を通ったらどうにもならないから、二度とあそこは通っちゃいけないよ」

「そんなこと申しましても、あそこを通らないと、家にも帰れませんし、お得意先《とくいさき》にも回れないんですよ」

「じゃあ、こうしな。あそこのお窓下を通るときは、黙《だま》って通るんだ。わかったかい？」

「承知《しょうち》いたしました」

頭ではわかっているんですが、人間、習慣《しゅうかん》というのは恐《おそ》ろしいもので、いざ屑籠《くずかご》を背負いますと、

「屑ぅーい……」

「これっ、屑屋！」

「しまった！　甘ぁーい、甘酒《あまざけ》ぇー」

「そんな格好《かっこう》の甘酒屋があるか。明らかに怪《あや》しいな。良助、あの屑屋をすぐに連《つ》れて来い。……屑屋！　被《かぶ》り物を取って、顔をこちらへ見せろ。(手を打って) お、屑屋、その方《ほう》だ。その方、三日前、わしに仏像を売ったな」

「は、はい……」

「あの仏像、大層煤けておったのでな、金盥を塩で清め、ぬるま湯でゴシゴシ磨いておったら……」

「首が落ちたんでございますか？　申し訳ございません。そういうつもりじゃなかったんでございます。そ

んなことになるとは思わなかったんです。どうぞ、お、お命ばかりはお助けくださいまし……」

「屑屋、何を言っておる。そうではない。仏像の台座の紙が剝《は》がれて、中から五十両出てまいったのだ」

「えっ？ 首が落ちたんじゃなくて、金子《きんす》が出てきたんですか？」

「そこでな、元の持ち主に返してやりたいと思うてな、その方を探しておったのだ」

「さようでございますか。あの仏像をお売りになりましたのは、実はご浪人をなさっております千代田卜斎《ちよだぼくさい》様という方でございます。大層《たいそう》お暮らしもお困りでございまして、なんでも昼間は近所で瘡毒《そうどく》を治《なお》し、夜は表通りへ出て梅毒《ばいどく》を治しているとか……」

「そうではあるまい。昼間は素読《そどく》、つまり読み書きだ。夜は梅毒ではなく売卜《ばいぼく》、つまり占《うらな》いをしているんだな」

「ああ、そうでしたか……」

「そこでな、屑屋さんにはお手間を取らせるが、この五十両を先方へ届けてもらいたいのだ」

「それは結構なことです。それではこの金子《きんす》を先方へお届けすればよろしいんでございますね。承知《しょうち》しました。それで失礼ではございますが、あなたさまのお名前は？」

「わしの名前などはいい」

「いえ、子どもの使いじゃございませんで、お名前を聞かれて答えられないようじゃいけませんので、お聞かせ願いたいので」

「さようであるか。しからば細川の家臣《かしん》で、高木作左衛門《たかぎさくざえもん》であるぞ」

「承知いたしました……。ごめんくださいまし」

「これは屑屋さんではないか。用があるならこちらへお入り」

「実は、今日はこの間《あいだ》の仏像の件でお伺《うかが》いしたんですが、あれが三百文で売れまして、儲《もう》けが百ございましたんで、半分の五十をお届けにあがったんでございます。これをどうぞお納《おさ》めください」

「いや、それはよいのだ。儲けは屑屋さんがもらってください」

「そんなことをおっしゃらないでください、最初の決めでございますから」

「屑屋さんは正直な人だな。それではこの五十文は受け取ろう。実はこれがあると助かるのだ」

「そんな五十の金でお礼を言わないでください。まだ大口《おおぐち》がございますから」

「なんだ大口とは」

「実はあの仏像なんでございますが、細川様のご家臣《かしん》で高木作左衛門様という若いお侍様がお求めになり、煤《すす》けておりましたんで、金盥《かなだらい》を塩で清め、ぬるま湯でゴシゴシ磨《みが》いておりましたところ、中から金子《きんす》が出てきたんでございまして、五十両でございます」

「何？　しからば、腹籠《はらごも》りではなかったか？」

「そうなんでございますよ。そこで高木様がおっしゃいますのには、『仏像は買ったが、中の金子まで買った覚《おぼ》えはない。この金子は元の持ち主へ届けてまいれ』とおっしゃるので、こうしてここにお預《あず》かりしたような訳でございまして、この五十両をどうぞお納めくださいまし」

「屑屋さん……、わしはその金子は受け取る訳にはまいらん」

「な、何故《なぜ》でございます？」

「よいか、あの仏像は手放した物。一旦《いったん》、手放したからには、もはやわしの物ではない。その仏像から金子が出たのであれば、それは買った人の物だ」

「千代田様、お言葉ではございますが、これは高木様がおっしゃっていることが正しいと思うんでございます。三百文でもって、五十両出てくるというのは割りに合わない話でございます。それに千代田様は金子のことをご存じなかった訳でございますので、これはどうぞお納めいただいて……」

「いやいや、受け取る訳にはいかんのだ。よいか屑屋さん。この金子、わが先祖《せんぞ》が何かの折りにと隠《かく》してくだすったものであろう。それを知らぬこととは言え、暮らし向きが苦しいからといって、手放すような不《ふ》心得者《こころえもの》には、元々授《さず》からん金であったのだ。それは天が高木氏に授けた金なのだ。であるから、わしは受け取る訳にはいかん」

「そんなことをおっしゃいませんで。あたしが言うことじゃありませんけどもね、それは千代田様はよろしゅうございますよ。ですが、娘さんをご覧《らん》なさいよ。お年頃《としごろ》なんですから、ああいう着物を着てみたい、こういう帯を締《し》めてみたい、そう思うもんでございますよ。それをああして控《ひか》えめな格好《かっこう》をなさっているんでございますよ。かわいそうじゃありませんか。ですから娘さんのためにも……」

「黙《だま》れ、黙れ！　黙んなさい。娘のことはどうでもよい。この千代田卜斎、浪人をしておっても曲《ま》がったことは大っ嫌《きら》いじゃ」

「いや、そりゃあ正直は結構でございますけども、それが過ぎておりますよ。もう、上に馬鹿《ばか》が付く、馬鹿ッ正直……」

「なんだ馬鹿とは！　愚弄《ぐろう》いたすと、手は見せんぞ！　よいから持ち帰れ！」

「ご、ごめんなさい……。あのォ、行ってまいりました」

「屑屋さんか、どうした？　お渡《わた》ししたか？」

「それが、なんでございます……。千代田様がおっしゃるには『あの仏像は手放したものである。そこから出た金子であれば、もはやわしのものではない。天が高木氏に授けた金であろう』ということで、どうぞこちらの方《ほう》を……」

「何？　そう言われて、その方《ほう》はおめおめと帰ってきたのか？　そうであるか、向こうがそういうことなら、どんなことがあっても受け取らしてみせる。刀にかけても受け取らせてみせるぞ。良助！　刀を持ってまいれ！」

「ら、乱暴《らんぼう》はいけません、乱暴は。わ、わかりました。行ってまいります……」

「……ということで、千代田様、いかがでございましょう」

「何？　刀にかけても？　よくぞ申した。これ、絹《きぬ》！　槍《やり》を持ってまいれ！」

「ご、ごめんくださいまし。どうぞご勘弁《かんべん》を……」

間に入りました屑屋さんはどうすることもできません。困り果てまして、千代田卜斎が住まっております長屋の大家《おおや》さんに話を持っていきます。

「そうかい、それはいい話じゃないか。花は桜木《さくらぎ》、人は武士なんて言うがね。お侍様というのは、清廉潔《せいれんけっ》白《ぱく》でなくちゃいけない。そのぐらいのことじゃなくちゃいけない。だが、そこまでいくと、意地《いじ》の張り合いになっている。ああ、いい、あたしが間に入って、何とかしてあげよう。……ええ、高木様、いかがでございましょう。この屑屋も商売に出られずに困っております。そこで考えましてな。この五十両のうち二十両ずつ高木様と千代田様でお分けになりまして、残った十両は駄賃《だちん》として、この屑屋へお渡《わた》しするという訳にはいきませんでしょうか？　そういたしますと、すべて丸く収まるのでございます。なにとぞお願いを申し上げます」

「さようであるか。受け取るいわれのある金ではないが、事が丸く収まるというのであれば致《いた》し方《かた》がない。受け取ることにいたそう」

「さようでございますか、ありがとうございます。……千代田様、いかがでございましょう」

「いや、この金子は受け取る訳にはいかん」

「さようでございますか……。千代田様でしたら、そうおっしゃるかとも思ったんでございますが。では、いかがでございましょう。『百両のかたに編み笠一蓋《がさいっかい》』ということを言います。この二十両のかたに、何か高木様に差し上げてはいかがでございましょう。いえ、何でもよろしいんでございます。そういたしましたら、もらったことにはなりません。なにとぞお願いを申し上げます」

「さようであるか。大家殿、色々とお心遣《こころづか》いをありがたく思うが、と言っても、何をお渡しするにいたしても……。それではこの茶碗《ちゃわん》はいかがかな？　朝に晩に湯茶《ゆちゃ》に用い、また、薬を飲むときにも用いておる。わしの手垢《てあか》の付いた汚《きたな》い茶碗であるが、これでも構《かま》わんか？」

「ええ、よろしゅうございます」

高木様もそう言うことであればと、その茶碗を受け取ります。

するとこの話しがすぐに細川家中《かちゅう》で評判《ひょうばん》になりまして、「高木も偉《えら》いが、その千代田と申す者も立派《りっぱ》である」と、その評判が細川様のお殿様のお耳にも届きまして、

「高木、天晴《あっぱれ》れである。目通《めどお》り許すぞ」

お目通りが許されまして、そのときに茶碗を持参いたせとの仰《おお》せでございます。するとそのまんまじゃいけないというので、綺麗《きれい》に磨き上げて、桐の箱を拵《こしら》えまして、その中にしたためます。

「こちらにございます」

「おお、さようか。これがその茶碗であるか」

お殿様はしばらく手に取ってご覧《らん》になっておりましたが、そのうちに目の色がパッと変わりまして、

「これ！　目利《めき》きを呼んでまいれ」

ああいったところには、必ず目利き、今で言う鑑定家《かんていか》というのが出入りしておりまして、その茶碗を見せると、

「間違《まちが》いございません。これは井戸の茶碗と申しまして、世に二つという名器《めいき》でございます」

「やはり、さようであったか。これ、高木。余はこの茶碗、所望《しょもう》いたすぞ」

殿様にそう言われたらしょうがありません。そうなるとお殿様だって、ただという訳にいきませんから、その代金として三百両下《くだ》しおかれます。するとこの三百両というお金を目の前にして、高木作左衛門《たかぎさくざえもん》がまた

考え込んでしまいます。

「良助！　これ、どうする！　三百両だぞ」

「そうですね、金が出たということですから、ここは屑屋《くずや》の登場ですかね？」

「そうであるな。それではすぐに呼べ」

「それにしても、仏像といい、茶碗といい、あの千代田卜斎というお方は、いったい何者なんでございましょう……」

「お呼びでございますか？」

「おお、屑屋、待っておったぞ。実はあの茶碗であるが、殿にお見せしたところ、なんでも井戸の茶碗と申して、世に二つという名器だそうだ。それで御意《ぎょい》に召《め》されてな、三百両でお求めつかまつった。それでな、一人でもらう訳にはいかんと思うてな、そこで屑屋、その方に頼《たの》み……」

「まさか、その半分の百五十両は、わしが受け取るから、あとの百五十両は千代田氏に届けてまいれと、そうおっしゃるんじゃないでしょうね」

「おお、よくわかったな」

「もうわかりますよ、そのぐらいのこと。ご勘弁《かんべん》ください。五十両であの騒《さわ》ぎなんですよ。それが三百両だったら、もう大砲《たいほう》で撃《う》たれるんじゃないかと……」

「そのようなことはない。その方《ほう》にしか頼めないのだ。頼む」

「そうやって頭を下げれば、あたしが動くと思っているんでしょう。わかりましたよ。行ってまいりますよ」

「ごめんください」

「おお、屑屋さんか。まだ屑は溜《た》まっていないがな」

「今日はちょっと別口でございまして……。あっ、お嬢《じょう》さん、あの……、戸はそのまんまで、お閉めになりませんように。色々と都合《つごう》があるので……。ええ実は何でございます。先だって高木様にお渡《わた》ししましたあの茶碗のことなんでございますけども、何でもお殿様にお見せしたところ、井戸の茶碗と言いまして、世に二つという名器なんだそうでございまして、お殿様が大層お気に召されまして、三百両にてお求めになったんだそうでございます。そこで高木様がこの三百両を受け取るわけにはいかんと。それで半分の百五十両をわしが受け取るから、あとの百五十両は千代田氏に届けてまいれというので、お預《あず》かりしてきたような訳でございまして。こちらに百五十両ございますんで、これを一つ、何もおっしゃらずに、黙《だま》って受け取っていただきたいんでございます……」

「屑屋さん……、この金子《きんす》はありがたく頂戴《ちょうだい》しよう」

「え？　受け取っていただけますか。ありがとうございます。どうもありがとうございます」

「待ちなさい。この金子の代わりに、また高木氏にお渡《わた》ししたいものが……」

「よしましょうよォ。もうよしましょう。こんなことを言っちゃ、何でございますけどもね、千代田様から出てくる物は碌《ろく》なもんじゃないんですよ。仏像が煤《すす》けてるなって思ったら、中から金子が出てくるわ、汚《きたな》い茶碗だなって思ってたら、それが大変な物に変わっちゃう。もうよしましょうよ。このままでよろしいじゃありませんか」

「いや、是非《ぜひ》ともお渡ししたいのだ。お聞きするところ、高木氏はお独《ひと》り身のご様子《ようす》だが」

「はい、良助さんという方と二人で暮らしております」

「高木様へ差し上げたいというのは、これなる娘なのだ。絹《きぬ》という今年十六歳になるが、女ひと通りのことは仕込んであるつもりだ。いずれどこかへ嫁《とつ》がせねばならんと思うておったが、なろうことなれば、高木氏のようなところへ嫁がせたいと思うておった。もし、高木氏が妻として娶《めと》ってくださるのであれば、この百五十両を支度金《したくきん》として受け取ろうと思うのだが……」

「何でございます？　お嬢様を？　高木様の？　それは結構なことでございます」

「高木氏はもろうてくださるだろうか？」

「もらいます、もらいますよ！　これだけの器量《きりょうよ》良しですよ。高木様がいらないっていうんだったら、あたしがいただきますんで」

「屑屋さんには差し上げる訳にはまいらん」

「へへ、ご冗談《じょうだん》でして、それでは先方《せんぽう》に行ってまいりますんで。……高木様、行ってまいりました」

「どうした。今度は素直《すなお》にお受け取りになられたか？」

「ええ、何でございます。お受け取りにはなったんでございますが、百五十両の代わりに、またこちらへ差し上げたいと……」

「いや、もうよいではないか……」

「いえ、何をおっしゃいます。今までとは、比べ物にならないんでございます。実は何でございます。今回差し上げたいというのは、千代田様の娘さんのお絹さんでございます。今年、十六になるんでございまして、『女ひと通りのことは仕込んであるつもりだ。いずれどこかへ嫁がせねばならんと思うておったが、なろうことなれば、高木氏のようなところへ嫁がせたいと思うておる。もし、妻として娶ってくださるのであれば、百五十両は支度金として受け取るが、いかがかな?』」

「屑屋、何を言うておる」

「あ、そういう話でございまして、どうでございましょう? 高木様」

「そうであるか。千代田様もお考えになられたな。わしもいずれは嫁《よめ》を持たなくてはならないと思っていたところだ。千代田様の愛娘《まなむすめ》であれば間違《まちが》いはなかろう。貰《もら》おうではないか」

「お貰いになる? 貰いなさい、貰いなさい。結構な話じゃありませんか。そりゃあ、今は裏長屋《うらながや》でくすぶっておりますがね、こちらへ来て、磨《みが》いてごらんなさい。いい女になりますよ」

「いや、磨くのはよそう。また、小判が出るといけない」

●作品の背景●

講談の『茶碗屋敷《ちゃわんやしき》』（『細川の茶碗屋敷』）を移したとされる落語です。

夏目漱石《なつめそうせき》が『三四郎《さんしろう》』の中で「天才」と呼んだ三代目柳家《やなぎや》小さん（安政四年（一八五七）〜昭和五年（一九三〇））の残した速記《そっき》によると、「講談物を初代の柳枝《りゅうし》が落《おち》を附《つ》けて可笑《おか》しく拵《こしら》へましたもの」としてあり、この巻でも紹介した『子別《こわか》れ』の作者ともされる初代春風亭柳枝《しゅんぷうていりゅうし》（一八一三〜六八）が落語に移したと考えられます。

また、古い速記を見ると、サゲは「磨くとまた騒動《そうどう》が起こります」というものも見られますが、最近はここで紹介したように「磨くのはよそう。また小判が出るといけない」とサゲるのがほとんどです。

一時期、講釈師に転じていたことのある、昭和の名人五代目古今亭志ん生《ここんていしんしょう》（明治二十三年（一八九〇）〜昭和四十八年（一九七三））が得意にしており、その息子である古今亭志ん朝《ここんていしちょう》（昭和十三年（一九三八）〜平成十三年（二〇〇一））も演じた他、近年では柳家《やなぎや》さん喬《きょう》や柳家権太楼《やなぎやごんたろう》、立川志の輔《たてかわしのすけ》といったベテラン落語家が演じています。

知っておきたい用語集

清廉潔白《せいれんけっぱく》　心が清くて私欲《しよく》がなく、後ろ暗いところのないこと。

麻布谷町《あざぶたにまち》　現在の東京都港区六本木一〜二丁目周辺。六本木ヒルズが建っている周辺地域を指す。

屑屋《くずや》　紙くずやぼろ、古綿《ふるわた》などの廃品《はいひん》を売買《ばいばい》する商売。廃品回収業者。

清正公様《せいしょうこうさま》　安土桃山《あづちももやま》時代から江戸時代初期にかけての武将《ぶしょう》であり大名の肥後《ひご》熊本藩初代藩主・加藤清正《かとうきよまさ》の敬称。ここでは東京都港区白金台一丁目にある覚林寺《かくりんじ》の通称を指している。

裏長屋《うらながや》　表通《おもてどお》りに面しているのではなく、裏通りや路地裏《ろじうら》に建てられた長屋。

目が利《き》かないもので
→目利《めき》き　骨董品《こっとうひん》（古美術品や古《ふる》道具、ここでは仏像）などの真偽《しんぎ》や良し悪しについて鑑定《かんてい》すること。またその能力を備えた人。

両刀《りょうとう》を手挟《たばさ》んでおった　大小二つの刀を腰《こし》に挟《はさ》んでいた。つまり武士であったということ。

素読《そどく》　書物、特に漢文《かんぶん》で、内容の理解は二の次にして、文字だけを声に出して読むこと。すよみ。

指南《しなん》　武術や芸能などを教え示し、指導すること。

売卜《ばいぼく》　報酬《ほうしゅう》を得て（お金をとって）、占《うらな》いをすること。

生業《なりわい》　生活をするためにする仕事。

細川様《ほそかわさま》　ここでは、肥後《ひご》（現在の熊本）藩主《はんしゅ》・細川家の下屋敷《しもやしき》のこと。

お窓下《まどした》　大名屋敷《だいみょうやしき》の窓の下の通りのこと。大名屋敷は敷地が数百メートル四方もある屋敷もあったので、窓下を通る商人から物を買う際に通用門に回っては大変不便であった。そこで、この噺《はなし》のように下屋敷では窓下から直接購入する情景が見られた。

腹籠《はらごも》り　仏像などの腹の中に納めてあること。また、納められた経典《きょうてん》や宝物《ほうもつ》など。

たわけたこと　ふざけたこと。おろかなこと。

掛《か》け茶屋《ちゃや》　道端《みちばた》などに、よしず（葦《よし》の茎《くき》を編んでつくったすだれ状のもの）などをかけて簡単につくった茶屋。茶店。

指南番《しなんばん》　幕府《ばくふ》や大名などに仕《つか》えて、武芸の指南をした役。また、その人。指南役。

御前試合《ごぜんじあい》　武家《ぶけ》の時代に将軍や大名の面前で行った武《ぶ》術《じゅつ》の試合。

意趣返《いしゅがえ》**し**　恨《うら》みを返すこと。しかえし。復讐《ふくしゅう》。

逐電《ちくでん》　すばやく逃《に》げて行方《ゆくえ》をくらますこと。敏速《びんそく》に行動すること。

一杯《いっぱい》**食っちゃった**
→一杯食う　うまくだまされる。

瘡毒《そうどく》
→梅毒《ばいどく》　トレポネマ・パリズムの感染《かんせん》によって起こる慢性《まんせい》の感染症で、性交による感染のほか、胎児《たいじ》が母体から感染するものがある。局所にしこりができる第一期、皮膚《ひふ》に紅斑《こうはん》を生じる第二期、皮膚や臓器などにゴム腫《しゅ》を生じる第三期、神経系が侵《おか》される第四期に大別される。

不心得者《ふこころえもの》　心掛《こころが》けのよくない者。

愚弄《ぐろう》　人をばかにしてからかうこと。

手は見せん　刀を抜《ぬ》く手も見せずに斬《き》ってしまうこと。

花は桜木《さくらぎ》**、人は武士**　桜がきれいな花をぱっと散らしてしまうように、武士もいさぎよく散り際《ぎわ》が見事で、人では一番という意味。

百両のかたに編笠一蓋《あみがさいっかい》
→百貫《かん》**のかたに笠一蓋**　百貫の貸し金に対する抵当《ていとう》がわずかに笠一つだけということから、失うところが大きくて得るところが少ないこと。また、損得《そんとく》のはなはだしくつり合わないことのたとえ。

井戸の茶碗《ちゃわん》
→井戸茶碗《いどちゃわん》　高麗《こうらい》茶碗の一つで、全体に淡《あわ》い卵色の釉《うわぐすり》がかかり、胴《どう》にはろくろ目《め》が目立つ。李朝《りちょう》前期の朝鮮で焼かれたもので、室町時代以来、茶人が愛用した。

御意《ぎょい》**に召**《め》**す**
→御意に入《い》**る**　おぼしめしにかなう。お気に召す

落語
講談

柳田格之進
〈やなぎだかくのしん〉

長屋
人情
武士
親子
忠義
思いやり
情愛
正直
出世

●作品のポイント●

浪人はしていても、武士の心を忘れないでいる柳田格之進という名の主人公が登場するこの話のテーマの一つは、「相手を思う」ということです。

柳田の娘《むすめ》は浪々《ろうろう》の身にある父親のことを常《つね》に気にかけ、柳田が碁会所《ごかいしょ》で出会う萬屋《よろずや》の主人もまた、柳田への気遣《きづか》いを忘れません。そして、柳田もまた娘を思い、萬屋の主人に対して、感謝の思いを忘れていません。

そして、〝ある事件〟が起こったときに、萬屋の番頭がとる態度もまた主人を思ってのもので、それがあだにはなるものの、当時の主従の関係からすれば致し方がないものです。さらにそれを受けて、最後に柳田がとる態度は、これまで自分のためにあれこれしてくれた萬屋への思いの表れと言えます。

自分の考えは必ずしも正しいものであるとは限らず、相手のことを思って行動をとること。そんな大切なことを改めて教えてくれる話です。

【本　題】

江州《ごうしゅう》彦根の城主・井伊掃部守《いいかもんのかみ》様のご家来《けらい》で柳田格之進《やなぎだかくのしん》という人は、文武両道《ぶんぶりょうどう》に秀《ひい》でていて清廉潔白《せいれんけっぱく》。曲《ま》がったことが大嫌《だいきら》いで、何でも真っ直ぐで、自分が正しいと思ったことは何でも通す。

ところがかえってこうした剛直《ごうちょく》なところが人から煙《けむ》たがられまして、「あれがいたんではいけない。あれはこういうことをいたしました」と讒言《ざんげん》をされ、それがために今は浪々《ろうろう》の身。随分《ずいぶん》と前に妻を亡《な》くしておりますから、今年十七になります娘のおきぬと二人して、浅草阿部川町《あさくさあべかわちょう》の裏長屋《うらながや》で暮らしております。

おきぬは近所の針仕事《はりしごと》や洗濯《せんたく》を手伝ったりして家計を助け、柳田には学問がございますから、近所の子どもを集めまして、読み書き算盤《そろばん》を教えますが、ここでも子どもが何かすると、「そんなことはしてはならない！」と厳《きび》しく叱《しか》るので、子どもが怖《こわ》がって段々と来なくなってしまいます。

ある日のこと、娘のおきぬが、

「あの、お父上。毎日うちにばかりおりましては、かえってお身体《からだ》に障《さ》ります。たまにはお好きな碁《ご》などお打ちになりましては？」

「おお、そうだな。久しく碁を打たなんだ。どこかに碁会所《ごかいしょ》でもあるかな。それではちと出掛《でか》けて来るかな」

と、長屋を出まして、雷門《かみなりもん》の方へブラブラとやってきますと、一軒《けん》の碁会所を見つけます。

初めて訪ねたところですが、そこで出会いましたのが、浅草馬道《うまみち》一丁目で質両替商《しちりょうがえしょう》を営《いとな》んでいる萬屋《よろずや》という店の主人で万兵衛《まんべえ》。二人で碁を打ち始めますと、勝ったり負けたり、負けたり勝ったりで、またとない碁敵《ごかたき》となります。二人とも互《たが》いに碁を打てることが面白《おもしろ》いので、自然と毎日、碁会所へと足が向きます。

「あの、柳田様。かようなことを申し上げますと、まことに失礼でございますけれども、こうして相手を変えずして、ここで二人で碁を打っているというのもなんでございます。いかがでございましょう。あたくしの家は目と鼻の先でございますし、静かな離《はな》れもございますので、そちらで打つのはいかがかと」

「いや、それはよそう。浪々《ろうろう》をしている身、それはまたそのうち……」

「いえいえ、何をおっしゃいます。よろしいじゃございませんか」

と、あんまり勧《すす》められるものですから、萬屋までやって来ると、立派《りっぱ》な店構《みせがま》えで、店の奥《おく》へ入ると、その裏に離れがあります。花茣蓙《はなござ》が敷《し》いてある上へ見事な碁盤《ごばん》が置いてあり、座布団《ざぶとん》も用意されております。こういう静かな雰囲気《ふんいき》の中で打つ碁というものは、また碁会所のようなワイワイとしたところで打つのとは違《ちが》いまして、

「いかがでございますか?」

「いやあ、萬屋殿、かようなところで打つと、何か腕《うで》が上がったような心持ちがしますな」

といい心持ちで碁を打つ。そして今日はこれで、という頃《ころ》になると、そこへサッと酒と肴《さかな》が出て来る。柳田もさすがにそれは……と断りますが、まことに勧め上手《じょうず》ですから、つい盃《さかずき》に手がかかり、帰りにはお土産《みやげ》を貰《もら》って帰って来ます。

「ああ、いかん、こういうことをしてはいかん。二度と萬屋の敷居《しきい》はまたぐまい」

と思いますが、あくる朝になると、

「おはようございます。萬屋から参りました」

「おお、これは萬屋の小僧《こぞう》さんか。何かご用か？」

「あのォ、主人がお待ちしております」

「いや……、今日は行かれない」

「そうですか、困ったなぁ……」

「どうしたのだ？」

「柳田様はきっとそう言われるだろうから、お前は柳田様を連《つ》れて来ないうちは帰って来ちゃいけないって、そう言われて出てきたんです……」

「そうか……。わかった。それでは出向くことにしよう」

「ありがとうございます！」

萬屋へ行くと、また楽しい時間を過ごし、それが終わるとご馳走《ちそう》が出てきて一杯飲む。帰りにはまたお土産が出る。

「ああ、明日こそは行くのはやめよう」

と思っても、また迎《むか》えが来る。そのうちに、長屋に米やら酒やらおかずになる品物が届くようになる。

「柳田様、お笑いください。うちの番頭《ばんとう》ときましたら、そそっかしいにも程があります。余計に頼《たの》んでしまって困っておりましたので、柳田様に食べていただいたらいかがだろうということになりまして……」

と、こうしたことが続きますので、

「ああ、こんなことをしていては、今に災《わざわ》いがかかる。だが、今の自分には何をすることもできない。世に出たときに、このご恩を返そう……」

と、心に固く決めまして、万兵衛の好意を受けておりました。

八月十五日。今宵《こよい》は十五夜という晩のこと。

「柳田様、恒例《こうれい》の月見がございます。お嬢様《じょうさま》も一緒《いっしょ》にいかがでしょうか？」

「いや、あれは家にいる方が気が楽だと申しておりますから」

「さようでございますか。それでは一つ、柳田様だけでも」

と、みんなして月を眺《なが》めておりますが、

「ねえ、柳田様。月を見ていてもただ丸いだけで変わったことは起きないことですし、ここでこうしているのもなんですので、いかがでございましょう。一つ、（碁を打つ仕草をしながら）こんなことを」

「わしも同じことを思っておった」

「それでは、早速《さっそく》」

と、いつもの通り支度《したく》にかかり、二人で碁を打ち始めます。しばらくするとそこへ番頭が現れて、

「旦那様《だんなさま》、小梅《こうめ》の水戸様から預《あず》かってまいりました」

「ああ、そうかい。そこへ置いておきなさい」

「大事なものですのでお確かめを」

「今、手がはなせないので、そこへ置いておきなさい」

「はい……」

夢中《むちゅう》になって碁を打っておりますと、夜も遅《おそ》くなってしまいます。

「これはいかん、あまりに面白《おもしろ》かったものだから、すっかり遅くなってしまった。では、これで……」

「お引止めをいたしまして、相済《あいす》みません。提灯《ちょうちん》をお持ちになりますか？」

「いや、せっかくの十五夜、提灯はいらん。痩《や》せても枯《か》れても柳田は武士だ。心配をなさらぬよう」

「さようでございますか。それではお気をつけて。これはお嬢様へのお土産《みやげ》でございます」

「いやあ、いつもすまんな」

と柳田は上機嫌《じょうきげん》で帰っていく。しばらくすると番頭の徳兵衛《とくべえ》が、

「旦那様《だんなさま》」

「番頭さん、まだ起きていたのかい？」

「ええ、どうも心配で寝《ね》られなかったものですから……。先程、お渡ししました五十両はどういうことにいたしましょう？」

「なんだい？　先程の五十両というのは」

「いえ、あの、旦那様が碁を打っているときにお渡《わた》ししました、水戸様からの五十両でございます」

「先程、預《あず》かった……。ああ、そうかい」

「確かにお渡しをいたしましたが……」

「ああ、そうでした。あれは碁盤《ごばん》の下にあるでしょう」

「いえ、碁盤の下にも、離れのどこにも見当たりませんが……」

「ない？　おかしいな」

「旦那様、申し上げにくいことではありますが、ことによりますと、柳田様がお持ち帰りに……」

「馬鹿《ばか》なことを言うんじゃない。なんていうことを言うんだ。もしもだ、もしも柳田様がお持ちになったら、それはそれでよろしい。余程の事情があるのだろう。もし、それならばそれでよいのだ。あの金はな、私の小遣《こづか》いの方につけておきなさい」

「へ、へい、かしこまりました」

「いいかい、他《よそ》へ行って喋《しゃべ》るんじゃないよ」

「へい、わかりました」

忠義《ちゅうぎ》の番頭の徳兵衛《とくべえ》、普段から自分のご主人が尾羽打ち枯《おはうちか》らした浪人に頭を下げているのが面白くない。そこへ来て、五十両の金を持っていかれ、自分の言うことを信じてもらえないと思っているから、その晩は悔《くや》しくて眠れません。朝になると、主人には内緒《ないしょ》で柳田のところへ行きます。

「おはようございます」

「誰《だれ》だ？　これは徳兵衛殿。さあ、汚《きたな》い所ではござるが、お上がり下さい。昨夜は遅くまで済まなかった。さすがに帰って来て娘に叱《しか》られました。時に、何のご用で？」

「実は、夕べ、わたくしが小梅の水戸様から預《あず》かってまいりました五十両という金がなくなりました。柳田様と碁をお打ちになっているときに主人へ渡《わた》したのですが、それがいけなかったようでございまして、あれからいくら調べてもございません。で、何でございます……。ことによりましたら、柳田様が何かとお間違《まちが》えになって、それを、お持ちになったのではないか。お土産の中へ包み込《こ》まれたのではないかと思いまして、それで伺《うかが》ったような訳でございまして……」

「なんだ？　無礼なことを申すな。それでは何か、拙者《せっしゃ》がその五十両を盗《ぬす》んだと申すのか！」

「そう大きな声をされては困ります。盗んだなどとは申しません。お間違えになって、お持ち帰りになられたのではと……」

「わしは天地神明《てんちしんめい》に誓《ちか》って、その五十両は盗まん」

「そうでございましょう。ですが、私としては主人にそれだけの損をかけるというのも心苦しいことでございますので、これからお奉行様《ぶぎょうさま》のところへ話にまいりたいと思います。それでよろしゅうございますか？」

「ま、待て。お上《かみ》に願って出る？　それは弱った……。待て、よいか？　身どもはその五十両を盗《と》っておらん。だがな、そこに居合《いあ》わしたのが不運。その五十両渡《わた》すことにいたそう」

「さようでございますか。そうしていただければ……」

「ただし、盗ったものではないから、今はここにはない。明日の今時分、取りに参れ。それまでにはこしらえておく」

「ありがとうございます。別にこちらも事を荒《あら》立てたくはございませんので、五十両が出てくればそれでよいのでございます。朝からどうも申し訳ございませんでした。それではよろしくお願いいたします」

徳兵衛が帰った後、柳田は「やはりあそこへは出入りをするべきではなかった」と、今更《いまさら》ほぞをかんでも遅く、しばらく考え込んでおりましたが、硯箱《すずりばこ》を手元へ引き寄せると筆をとり、手紙をしたためて文箱《ふばこ》へ入れて、

「きぬ、こちらへ」

「お父様、お呼びでございますか?」

「お前、久しく番町《ばんちょう》の叔母《おば》のところへ行かなんだ。ここに手紙をしたためたのでな、これを届けてもらいたい。それでな、久し振《ぶ》りに訪ねるのだ、叔母とも色々話があるだろうから、今夜は泊《と》まって、明日ゆっくりと帰ってきなさい」

「お父様に申し上げたいことがございます」

「なんだ?」

「わたくしがこれを持って行った後で、お腹《はら》を切りますことはお留《とど》まり願います。武士の明《あか》き心をお見せになるつもりでしょうが、先は町人《ちょうにん》。『柳田は金を盗《と》ったのがわかったので腹を切った』と言われたら、武士道が立ちはいたしません。どうぞ、このきぬをご離縁《りえん》下さいませ」

「離縁? ……そうか、盗人《とうじん》の汚名《おめい》を着せられる父は持っていたくないと言うのか……。わかった、離縁をいたそう」

「ありがとう存じます。それではわたくしはもう柳田の娘ではございません、そこでお願いがございます。女というものは売れるものだそうでございます。どうぞわたくしを吉原《よしわら》とやらへ売っていただきとうござい

ます」

「お前を売れというのか?」

「はい。そして私を売ってできた五十両を徳兵衛にお渡しください。盗《と》らぬものなら、きっとあとから出てきます。そのときに、万兵衛、徳兵衛の首をお打ちになりまして、ご武名《ぶめい》をお上げください」

「……そうか。馬鹿《ばか》な父だ。柳田の家名を汚《けが》したくはない。それではきぬ、吉原へ行ってくれるか?」

「はい……」

吉原に通じている者が近くにおりましたので、それに話をしますと、向こうも商売人ですから、器量《きりょう》のよいところへ、色々なものを仕込んであるのがわかります。黙《だま》って百両の金になりますが、途中で抜《ぬ》かれまして、柳田の手元に五十両の金が入ります。それを見た柳田の目からは涙《なみだ》がこぼれます。

「これが、わが娘か……。すまなかった。愚《おろ》かな父を恨《うら》んでくれ……」

そのあくる朝。

「柳田様、おはようございます」

「徳兵衛殿か、さ、こちらへ上がれ。五十両はここにある」

「さようでございますか。それでは……」

「おっと、待て。いいか、わしは盗ってはおらんぞ」

「それはわかっております。お間違《まちが》えというのは誰《だれ》にでもあることで……」

「黙《だま》れ! 盗ってはおらぬと言うのだ。だが、そこへ居合わせた不運で、この五十両をその方《ほう》につかわすのだ。いいか、盗ってはおらん。盗っておらんものは必ず出る。もし出たときには、その方はどうする?」

「ええ、そうですねえ、その五十両とやらが出てまいりましたら、私のこんな首でも差し上げます」

「その方の首をくれるとな?」

「なんでしたら、うちの主人のも一緒《いっしょ》にして、二つ並べて差し上げましょう」

「そうか、その方の主人のもか? それを肝《きも》に命じて、いいか、忘れるな!」

「忘れはしませんで。それではこの五十両はいただいてまいります」

「うむ、帰ったら、万兵衛殿によろしくお伝え下され」

「かしこまりました。それではごめん下さいまし……。旦那様、只今《ただいま》、帰りました。ここに五十両がございます」

「なんだい? この五十両は?」

「先だってなくなった小梅の水戸様の五十両でございます」

「あれが出てきたのかい?」

「いいえ、昨日、柳田様のところへ掛《か》け合いに行きましたら、『知らない』と言うんですが、『お奉行様に願い出る』と言いましたら、『明日、来い』とのことで、こうして五十両を取ってまいりました」

「馬鹿! 誰が柳田様のところへ行けと言った! あれはあたしの小遣いにしておけって言っただろう。なぜ、そうして余計なことを!」

「余計なこととおっしゃいましても、ご主人様が五十両というお金のご損を……」

「それが余計なことと言うんだ。その五十両をお貸し！」

そのまま柳田の住む阿部川町まで駆《か》けつけますが、長屋の戸には釘《くぎ》が打ってあり、それを無理言って開けさせると、手紙が置いてあります。それを見ると、「家主殿《いえぬし》他、万兵衛殿、故《ゆえ》あって当地を立ち退《の》くものなり。道具万端《どうぐばんたん》は宿賃《やどちん》滞《とどこお》りこと故《ゆえ》に、お売り下され。柳田格之進」と書いてあります。

「ああ、しまった。大事なお友達を失《な》くしてしまった……」

いくら探しても柳田の行方《ゆくえ》は知れず、そのうちに暮《く》れになりますと、ご商家《しょうか》では煤払《すすはら》い、つまり大掃除《おおそうじ》の日がやって来ます。それはもう大変な騒《さわ》ぎで。

「あのォ、旦那？」

「どうした？　貞吉《さだきち》」

「今、離《はな》れの額《がく》の裏《うら》をハタキではたこうとしましたら、落っこちたものがございます。中はお金らしいんですけれども、いかがいたしましょうか」

「額の裏からお金が……。あ！　あのときの！　お、おい、徳兵衛、徳兵衛！」

「はい、何か？」

「何かじゃない、こっちへ来なさい。この五十両をご覧《らん》なさい」

「五十両？」

「あのときの五十両が出てきた。そう言えば、あの十五夜の折、碁《ご》を打っているときに、お前が五十両を持って来た。あたしは碁盤《ごばん》の下へ入れたんだが、手水《ちょうず》へ行きたくなって立ったときに、こんなところへ金を置いておいては何かあったときにいけないと思って、これを額の裏へ入れたんだ。それをすっかり忘れていた。五十両がこうして出た。どうする?」

「どうすると言われましても……」

「もういい。煤払いは止めだ。これからな、みんなして手分けをして、柳田様を探し出すんだ」

「いや、あの、その……、それはお止《や》めになった方が……」

「なんだい? そのお止めになった方がというのは?」

「実は、あの、五十両をいただくときに、『わしは盗《と》らん、盗らぬから、必ずあとから出て来る。きっと出る。出たらどうする?』と聞かれましたから、『あたしの首を差し上げます』と言いました」

「それは仕方がない、差し上げなさい」

「いえ、それが、そこで止めておけばよかったのですが、それじゃちょっと寂《さび》しいと思いまして、『うちの万兵衛の首も一緒に』と……」

「お前は、何で勝手に人の首をかけるんです! いや、もういい、私の首を差し上げても構いません。とにかくみんな、煤払いはもう止めだ。柳田様を探しなさい。柳田様を見つけた者には一分《いちぶ》のお金を出しますよ」

一分の金といえば大金でございますから、店の者は大掃除なんぞ放り出して、方々《ほうぼう》を探して歩きます。ところがいくら探しても行方《ゆくえ》がわかりません。

そうこうしているうちに、新玉《あらたま》の春を迎《むか》えます。元日から二日にかけまして、チラチラと雪の降る、底冷《そこび》えのする寒い日が続きまして、二日目はお年始《ねんし》でございますから、番頭さんは町内の頭《かしら》を連《つ》れて、湯島《ゆしま》の切通《きりとお》しの坂を雪に気を付けながら下りてまいります。

すると、坂の下からは駕籠《かご》を供《とも》に、一人のお侍《さむらい》がオランダ羅紗《らしゃ》の長合羽《なががっぱ》を羽織《はお》り、柄袋《つかぶくろ》をうった大小《だいしょう》に、渋蛇《しぶじゃ》の目《め》に足駄《げた》履《ば》き、宗十郎頭巾《そうじゅうろうずきん》を被《かぶ》って上がって来ます。

「贅沢《ぜいたく》なものを着ているな。どこかの御留守居役《おるすいやく》だな」

と思いながら、通り過ぎようとすると、その侍が、

「そこへ行くのは、徳兵衛《とくべえ》殿ではござらぬか?」

「どなた様でございましょう?」

「わしだ」

「あ! これは柳田様。お久《ひさ》しゅうございます」

「無沙汰《ぶさた》は互《たが》いじゃ。お変わりはないか?」

「へい、変わりはございません」

「そうであるか。万兵衛《まんべえ》殿はお達者《たっしゃ》かな? お伺《うかが》いしたいのだが、心に欲せんことがあり、無沙汰《ぶさた》をしておる。徳兵衛殿、初春《はつはる》に出会ったのじゃ、この先にわしの知っている美味《うま》い料理を食わせる店がある。一つ、お付き合いを願えぬか」

「いえ……」

「いやか?」

「い、いえ、とんでもないことでございます。ここに連《つ》れがおりますもので……」

「番頭さん、随分《ずいぶん》と立派《りっぱ》なお侍さんですね。どなたです？」

「あれが柳田様だ」

「あの方が柳田様！　そうすると、いよいよですね」

「新年早々、そんなことを言うもんじゃないよ。私は柳田様に付き合うから、頭《かしら》はひと足先に店へ帰っていておくれではないか？　柳田様、お待たせをいたしました」

雪を踏《ふ》んで湯島の料理屋へ参ります。

「徳兵衛殿、さ、一献《いっこん》まいろう」

「柳田様、飲む前にお話がございます」

「なんだ？」

「なくなりました五十両のことでございます」

「いや、その話はよそう」

「いえ、ぜひお聞きいただきたく。実はあの五十両ですが、暮《く》れの大掃除《おおそうじ》のときに、離れの額の裏から出てきました。申し訳ございません」

「なに！　あの五十両が出たか！　あの五十両が……。そうであったか……。徳兵衛殿、今日は何たる吉日《きちじつ》。めでたいな。さあ、飲もうではないか。そうであったか……。ところで、あの日、わしが用意した五十両を渡《わた》したときに約束したことを覚《おぼ》えているか？」

「はい……」

「よかった。それでは、明日の昼時《ひるどき》に二人の首を貰《もら》いに行く。さあ、今日は良い日じゃ、飲め飲めと言われても喉《のど》を通る訳がございません。徳兵衛は真っ青な顔をして店へと帰ってまいりますと、

「番頭さん、頭《かしら》から話は聞いたよ。柳田様とお会いになったそうじゃないか？」

「はい」

「柳田様はどうなさっていらした？」

「大層立派《りっぱ》なお身形《みかたち》で……」

「あれだけのお方だ。いつまでも浪人をしている気遣《きづか》いはない。それで五十両の話は申し上げたのか？」

「はい、そうしましたところ、旦那《だんな》とわたしの首を明日の昼時に貰《もら》いに来るとおっしゃっていました」

「そうか、仕方がない。差し上げましょう、約束だからな」

「はい……」

朝には雪はすっかり止《や》み、冬晴れでございます。一面の雪を踏みしめて、柳田が萬屋万兵衛の門口《かどぐち》へと立ちますと、

「許せよ。万兵衛殿、一別《いちべつ》以来、ご壮健《そうけん》のようで何より」

「柳田様、おめでとうございます」

「いや、おめでとう。おかげさまで、元の主人に戻《もど》り、禄高《ろくだか》も上がった。喜んでくれ」

「おめでとうございます」

「今日、こうして参ったことについては、徳兵衛殿から聞いたな？」

「はい、伺いました」

「約束のものを貰いにきた」

「はい、柳田様に申し上げます。先に徳兵衛が交《か》わした約束、私は老い先短こうございますから構いませんが、番頭徳兵衛は十一のときから手塩《てしお》に育てたものでございまして、先行きもございます。また、私が亡《な》き後、この店を任せなければなりません。あの折の五十両の件は、すべて私が命じてやらせたことでございます。どうか、あたくしの首だけで、徳兵衛は助けていただきとうございます」

「な、何を言っているんですか、旦那様。柳田様、その逆でございます。旦那はよせと言ったのに、あれはあたくしが勝手にやったことでございます。あたくしが全部悪いのでございます。ですから、あたくしの首を……」

「番頭さん、そんなことはいいんだ。柳田様、わたくしの首を……」

「いえ、あたくしを……」

「黙《だま》れ！　黙れ、黙れ、黙れ！　あの赤貧洗《せきひんあら》う浪々《ろうろう》の身で、五十両の金をどうしてこしらえたと思うのだ。あれはな、娘を売った金だ。幸《さいわ》い、その後、帰参《きさん》が叶《かな》い、すぐに近しい者から金を借りて、吉原へ飛んでいき、身請《みう》けをしたが、娘は、一旦《いったん》、ああした里へ入ったことを恥《は》じて、誰《だれ》とも会おうとしない。この父親にも顔も見せず、食事もほとんどとらぬ。日々やせ衰《おとろ》えて、今では老婆《ろうば》のような姿になってしまった……。その姿に何か慰《なぐさ》めの言葉があるか！　あるなら教えろ、さあ、教えろ！　今はもうお前たち二人の首をその前に並べて、頭を下げるしかないのだ！　それしかない。さあ、ここで首を斬《き》る。両人とも、斬る！」

「勝手なことを申しあげまして、申し訳ございません。どうぞお斬りください。さあ、番頭さんもそこへ……」

「覚悟《かくご》はよいか！（刀に手を掛《か》けて）えーい！」

と斬《き》り下《お》ろしましたのは、万兵衛の首ではなく、床《とこ》の間《ま》に置いてございました碁盤《ごばん》でございます。厚い碁盤も真っ二つ。白と黒の碁石《ごいし》が凍《い》てついた畳《たたみ》の上に散らばります。

「斬れぬ……。どうしてもその方《ほう》を斬ることは、わしにはできぬ……。きぬ、父を許してくれ……」

この後、萬屋は柳田の娘きぬの手厚い看病をして、主人のために忠と孝を見せた、徳兵衛ときぬの二人を夫婦にさせます。そして、二人の間にできた男の子に柳田の家名を継《つ》がせたという……。

〝ならぬ堪忍《かんにん》するが堪忍〟。柳田のこの堪忍が、両家に明るい春をもたらしたという、柳田の堪忍袋《かんにんぶくろ》という一席。

●作品の背景●

元々は講釈で演じられていた演目で、『柳田の堪忍袋』や『碁盤割《ごばんわり》』という別題を持つ話です。

一時期、講釈師に転じていた、昭和の名人の一人、五代目古今亭志ん生《ここんていしんしょう》（明治二十三年（一八九〇）～昭和四十八年（一九七三））が落語に移したとも言われますが、明治期の雑誌に三代目春風亭柳枝《しゅんぷうていりゅうし》（嘉永《かえい》五年（一八五二）～明治三十三年（一九〇〇））による『碁盤割』という速記が掲載《けいさい》されており、そのマクラで「尤《もっと》も此話《このはなし》は随筆《ずいひつ》にも御坐《ござ》りまする。夫《それ》を一席のお話に致します」とあることから、他に原話《げんわ》と思われる話があるようです。

元々は藤堂《とうどう》家の家臣《かしん》である柳田が、地主《じぬし》の越前屋作左衛門《えちぜんやさくざえもん》と碁を囲んでいると百両がなくなり、金が見つかった後は、番頭の久兵衛《きゅうべえ》が柳田のもとを訪れて謝《あやま》りに行くという展開の噺《はなし》でしたが、現在ではここで紹《しょう》介《かい》したようなストーリーで演じられています。

以前は、その五代目志ん生や、一門であり、息子である十代目金原亭馬生《きんげんていばしょう》、古今亭志ん朝《ここんていしちょう》のお家芸《いえげい》で、志ん生は「親が囲碁の争いをしたから、娘が娼妓《しょうぎ》（将棋《しょうぎ》）になった」というサゲをつけて演じていました。

現在でも柳家《やなぎや》さん喬《きょう》や古今亭志ん輔《しすけ》といったベテランの落語家や、講談では神田松鯉《かんだしょうり》が高座で演じています。

知っておきたい用語集

江州《ごうしゅう》　近江国《おうみのくに》の別称《べっしょう》。現在の滋賀県。

彦根《ひこね》　琵琶湖《びわこ》の東岸にある滋賀県東部の市。江戸時代には井伊《いい》氏の城下町として発展した。彦根城が現存している。

清廉潔白《せいれんけっぱく》　心が清くて私欲《しよく》がなく、後ろ暗いところのないこと。

讒言《ざんげん》　事実をまげ、いつわって人を悪く言うこと。また、その言葉。

阿部川町《あべかわちょう》　現在の東京都台東区元浅草三、四丁目を指す。

裏長屋《うらながや》　表通《おもてどお》りに面しているのではなく、裏通りや路地裏《ろじうら》に建てられた長屋。

馬道《うまみち》　現在の東京都台東区花川戸《はなかわど》から浅草三丁目に至る一帯。浅草寺《せんそうじ》の北東方に当たり、江戸時代には吉原《よしわら》への遊客《ゆきゃく》が馬で通ったところから、その名が付いたとされる。

質両替商《しちりょうがえしょう》

→両替商《りょうがえしょう》　江戸時代に手数料をとって、貨幣《かへい》を交換した商人。金銀売買、貸付《かしつけ》、手形《てがた》などを扱《あつか》い、金融機関として重要な役割を果たした。両替屋。

花茣蓙《はなござ》　種々の色に染めた藺《い》（イグサ）で、花模様などを織り出したござ。花むしろ。

小梅《こうめ》　現在の東京都墨田区向島一〜三丁目周辺。四季を通じて行楽《こうらく》の名勝地《めいしょうち》であった。

尾羽打《おはう》ち枯《か》らす　鷹《たか》の尾羽《おばね》が傷《きず》ついてみすぼらしくなることから、落ちぶれてみすぼらしい様子になる。零落《れいらく》する。

ほぞをかむ　後悔《こうかい》する。すでにどうにもならなくなったことを悔《く》やむ。

文箱《ふばこ》　書状などを入れておく手箱《てばこ》。また、書状を入れて先方に届ける細長い箱。

番町《ばんちょう》　現在の東京都千代田区番町。旗本の大番衆《おおばんしゅう》（軍事組織の職員）の屋敷地《やしきち》が一番町から六番町まであったことからその名が付いた。

明《あか》き心《こころ》

→清き明き心　邪心《じゃしん》（悪い心）のない、明朗《めいろう》で曇《くも》りなき心。

煤払《すすはら》い　新年を迎《むか》える準備として行う歳末《さいまつ》の大掃除《おおそうじ》。江戸時代には江戸城をはじめとして十二月十三日が煤掃《は》きと定められていた。

手水《ちょうず》　手を洗う水。手洗い水。用便後に手を洗う水。転じて、厠《かわや》（便所）へ行くこと。

湯島《ゆしま》　東京都文京区南東端《ばた》の地名。湯島神社（天満宮）や湯島聖堂《せいどう》がある。

切通《きりどお》しの坂

→切通坂《きりどおしざか》　東京都文京区湯島三丁目と四丁目の間の坂。

羅紗《らしゃ》　紡毛《ぼうもう》（羊毛を生地《きじ》に織るときに撚《よ》りをかけてつくる毛糸）を原料とし、起毛《きもう》（織物のけばを立てること）させた厚地《あつじ》の毛織物《けおりもの》。

長合羽《なががっぱ》　防寒《ぼうかん》や防雨《ぼうう》用の合羽のうち、着物の下部まで覆《おお》う丈《たけ》の長い合羽。

柄袋《つかぶくろ》　刀剣《とうけん》の柄を覆《おお》う袋。

大小《だいしょう》　大刀《たち》と小刀《しょうとう》。

宗十郎頭巾《そうじゅうろうずきん》　江戸時代に歌舞伎俳優の初世沢村宗十郎《さわむらそうじゅうろう》が用いはじめたという頭巾。黒縮緬《くろちりめん》の袷《あわせ》（裏地付き）で四角い筒形《つつがた》をつくり、左右から後ろにかけて長い錏《しころ》（剣道の面のように両の頬《ほお》および後ろの首の部分を覆《おお》うもの）をつけて、額《ひたい》、頬《ほお》、あごを包むようにしたもの。

蛇《じゃ》の目《め》

→蛇の目傘《がさ》　中心を白く、周辺を黒や紺《こん》、赤などで太く輪状《りんじょう》に塗って、蛇の目模様《もよう》（同心円《どうしんえん》の模様）を表した紙製の雨傘《あまがさ》。

御留守居役《おるすいやく》

→留守居《るすい》　江戸時代、諸大名《しょだいみょう》が江戸屋敷《やしき》に置いた職名。幕府《ばくふ》との公務の連絡や他藩《はん》の留守居役との交際や連絡を担当《たんとう》した。

吉日《きちじつ》　めでたい日。縁起《えんぎ》のよい日。

赤貧《せきひん》洗う

→赤貧《せきひん》洗うが如《ごと》し　はなはだしく貧《まず》しくて、洗い流したように持ち物が何もないさま。

帰参　主人の家から去った武士《ぶし》が、またもとの主人に仕《つか》えること。ここでは再び彦根藩《ひこねはん》の藩士になったことを指す。

落語

百年目
〈ひゃくねんめ〉

人情
忠義

●作品のポイント●

生きていく上で人間関係は大切です。家族や友人、そして学校生活といった、他人と接していく場では、自分のことばかりでなく、相手のことを考えていかなければなりません。

落語の中で、〈カタカナの『ト』の字に『一』の引きようで『上』になったり『下』になったり〉という句が披露《ひろう》されることがあります。『一』という横棒が邪魔《じゃま》することで、上の人は下の人を、下の人は上の人を見ることができないという意味ですが、やはりお互いのことを思い、自分が置かれている立場に決して驕《おご》ることなく、上の者、下の者、そして仲間を思いやる気持ちが大切です。

この噺で描《えが》かれているのは、今で言えば、会社の中での上司《じょうし》と部下《ぶか》の関係です。これは学校で言えば、クラブ活動などでの先輩《せんぱい》と後輩《こうはい》の関係にも当てはまるかも知れません。それぞれの立場にあって、相手を思いやることの大切さを改めて考えさせられる一席です。

【本　題】

「人を使うはわが身を使われる」という昔からのたとえがあります。

以前は今のように、何々株式会社というものはなく、大店《おおだな》と言いまして、ご主人にあたる旦那《だんな》が社長で、番頭《ばんとう》と呼ばれる人が専務取締役《せんむとりしまりやく》にあたります。

旦那《だんな》と呼ばれた人には、随分《ずいぶん》とお堅《かた》い人もあれば、仕事が終われば、すぐに遊びに出かけてしまうような人もおります。

また、自らすすんで店を手伝い、一日の最後には自分で店の戸締《とじま》りもする人もいれば、自分は奥《おく》へ引っ込んで、お店の方は番頭さん任せにするという人も多かったようで、こうなると番頭さんに対しては主人も一《いち》目《もく》置くようになり、番頭も小言《こごと》を言うのが仕事のようなものになります。ですからそこで働《はたら》く小僧《こぞう》などは、番頭にジロリと見られると、ブルブルと震《ふる》えてしまいまして、もちろん、どこかに勝手に出かけるなんてこともできませんで、始終《しじゅう》、番頭の顔色をうかがっているというふうになります。

「おい、おい、定吉《さだきち》」

「へいッ」

「さっきからお前を見ていると、そうやって鼻の穴へ火箸《ひばし》を突っ込んで、首を振《ふ》ってはチリンチリン音をさせているようだが、それは何がおもしろいんだ。店の前を通る人がみんな笑ってるじゃないか。みっともないから、そんなつまらないことをしてはいけません。いいかい？　それから常吉《つねきち》」

「ヘッ」

「お前は何をしているんだ」

「こよりをこしらえております」

「ほォ、こよりを。それで何本できた?」

「(はっきりしない小さな声で) あと九十六本で百本できるんでございます……」

「もう百本のうち、九十六本できたのか?」

「いいえ、あと九十六本こしらえると百本になります」

「お前は朝からそこでそうやってこよりをこしらえていて、まだ四本とは、それではまるっきりできていないではないか。身を入れて仕事をしてもらわないと困りますよ。それから兼《かね》どん」

「は、はいッ」

「お前は何をしているんだ?」

「お得意様《とくいさま》にお手紙を書いております」

「そうか。手紙と言えば、あそこの引き出しに手紙が二本、三日前から入ったままだが、あれはお前が書いた手紙だな」

「へ、へい」

「あれはどうするんだ」

「出そうと思ってはいたんですが、あいにく小僧《こぞう》の手がふさがっておりまして、そのままになっております」

「なに？　小僧の手がふさがっております？　お前は何か、自分で一人前だと思っているのか？　お前なんぞは何の役にも立たないし、まだ早いとは思ったが、旦那の方に申し上げて若い者にしたんだ。一人前になったと思っているのか？　手紙ぐらいは自分でお出しなさい。それから由《よし》どん、お前はどうしてそうして本を読んでいるんだ。店の前を通る人が、この店は暇《ひま》だと思うだろう。読むなではないが、読むならお店をしまってからにしなさい。忠七《ちゅうしち》どん」

「へ？」

「お前さんも何か懐《ふところ》へ本を入れているが、それは何だ。出してみなさい」

「（ばつが悪そうな顔をし、懐中《かいちゅう》より本を取り出し）これでございます」

「（本を受け取って、それを眺《なが》めながら）なんだこれは、『落人《おちびと》』と書いてあるな」

「それは『おちびと』ではありません、『おちうど』と読むんです」

「なんだ、その『落人』というのは」

「へぇ、『お軽勘平《かるかんぺい》』の道行《みちゆき》でございまして。清元《きよもと》の本でございます」

「清元？　ははぁ、お前か、ときどき便所《はばかり》の中で、変な声を出してうなっているのは。芸事《げいごと》なんていうのは、自分が一軒《けん》の主人になって、商売の方も目途《めど》がついて、さあ何か楽しみに稽古事《けいこごと》でもしてみようと、そうしたものだ。お前はまだ奉公中《ほうこうちゅう》ではないか、そんなことをするんなら商売の方へ身を入れなさい。吉兵衛《きちべえ》どんもそうだよ！」

「ほら、おいでなすった……」

「何か言ったか？　お前さんは他の若い者とは違《ちが》うんですよ。私がこの店を出たら、そのあと家業を預《あずか》って、店の差配《さはい》をしなければならないんだ。私に小言《こごと》を言われたいのか？」

「そういう訳じゃございませんが、（開き直って）お小言があるのでしたらうかがいます。（番頭さんに迫《せま》るように）さ、伺《うかが》いましょう」

「お、前に出てきたね。それではお前さんに伺いたいことがある。あれは、おととい の晩だったな」

「（下を向いて）しまった……」

「何か言ったか？　あの晩はどうも寝《ね》つきが悪くて、二度目に厠《かわや》へ行ったときに、五、六軒離《はな》れたところで、女の声がするんだ。『それじゃあまたお近いうちに』という声がだ。すると店の戸を叩《たた》く音がすると、ここにいる常吉らしい声がして、『お帰んなさいまし』『しィッ……』。あれはお前さんだね」

「へ、へッ……」

「どこへおいでになった？」

「へ、へい、お湯《ゆ》へ参りました」

「あんな時分《じぶん》にかい？」

「いえ、お湯の方は早くに参りまして、そのあとに紀伊国屋《きのくにや》の番頭さんにお目にかかりまして、何でもご主人が謡曲《うたい》をやるので、一番だけ聞いてもらえないかというので、お断りもできないので、聞きにまいりましたんで……」

「謡曲を。それは結構ですが、大層遅《たいそうおそ》かったな」

「それから、迷惑《めいわく》をかけたからと、にぎやかに……、あの……、お茶屋《ちゃや》へ……」

「お茶、屋？」

「へえ」

「お茶屋という葉茶屋《はぢゃや》ですか？」

「いえ、そうではございませんで、そのォ、芸者《げいしゃ》や幇間《たいこもち》をその……」

「げいしゃとは何月に着る『紗《しゃ》』だ？」

「へ？」

「どんな紗です。それにたいこもちという『餅《もち》』は煮《に》て食うのか、焼いて食うのか？」

「そうおっしゃっても……。芸者や幇間を番頭さんがご存知ないことはなかろうかと……」

「お黙《だま》んなさい！ 私はね、本年四十三になりますが、まだそうしたところで遊ぶといった働きもありませんから、料理屋というものがどういうふうなものであるのかわかりません。私の前で、よくそんなお話ができたもんだ……」

「あいすみません。今後は気をつけますので、どうぞご勘弁《かんべん》願います」

「今後はそんなことをされては困りますよ。次にこういうことがありましたら、私から旦那様へ申し上げるよ。いいかい」

「あいすみません」

「用が済んだら、そちらへおいでなさい」

「へい（両手を脇《わき》について立ち上がろうとするが立てずにいる）」

「何をしているんだ」

「立とうと思っているのですが、足がしびれまして……」

「お前さんは一体いくつになるんだ。あきれてものが言えませんよ。まったく……。いいかい、私はこれから番町《ばんちょう》のお屋敷《やしき》を回ってきますから、留守《るす》の間は頼《たの》みますよ。お願いしますよ」

「よろしゅうございます。行ってらっしゃいまし」

「行ってらっしゃいまし」

番頭さんが店の外へ出て、半町《はんちょう》ほど来ますと、横町《よこちょう》からどこから見ても幇間という格好《かっこう》の男が扇子《せんす》をパチパチさせながら近づいてまいりまして、

「もしもし、大将《たいしょう》。大将ッ！」

「馬鹿《ばか》ッ！」

「へえ？」

「こんなところでむやみに声を掛《か》けるんじゃない。店の者に見られたらどうするんだ」

「へへへ、あなたはそんなことをおっしゃいますが、芸者衆《げいしゃしゅう》がお待ちでして、早く迎《むか》えに行けッてんで、お店までお伺いしたわけで」

「いっぺん通ればわかりますよ、二度も三度も店の前を通って、余計《よけい》に出にくくなるじゃないか」

「それにしても、あなたは遊んでいる間は粋《いき》なお方ですが、お店にいるときは苦虫《にがむし》をつぶしたような怖《こわ》い顔をしていますなあ」

「そんなことはどうでもいい。私は支度《したく》をしてきますから、みんなに待っていろと言っておきな」

「へい、承知《しょうち》しました」

二町《ちょう》ばかり来ますと、路地へ入っていく。すると駄菓子屋《だがしや》が一軒ありまして、

「おばあさん、こんにちは。ごめんなさいよ」

と声を掛《か》けると、狭《せま》い梯子《はしご》を上がっていきます。ここには箪笥《たんす》が預《あず》けてありまして、今まで着ている着物を脱《ぬ》ぎまして、すっかりお召《め》し物を変えると、どっから見ても大家《たいけ》の旦那という服装《ふくそう》で。その姿で柳橋《やなぎばし》まで来ますと、船の中では芸者が待ち構《かま》えています。

「いらっしゃいましたよ。遅《おそ》いじゃありませんか。何をしていたんですよ。早くお乗りなさいよ。こっちですよ」

「大きな声を出しちゃいけないよ。静かに、静かに。船頭さん、ちょいと手を貸しておくれ。（両手を差し出してつかまりながら）どうもありがとう。それじゃあ、すぐに船を出しておくれ」

「へい！」

舫《もや》いを解きますと、柳橋から漕《こ》ぎ出します。

「ああ、障子《しょうじ》は開けちゃいけないよ。ぴったり閉めてな。酒の支度《したく》はできているのかい」

「障子を閉《し》めろって、これじゃあ暑《あつ》いじゃありませんか」

「いいんだよ。すれ違《ちが》う船に顔でも見られたら困るじゃないか」

「そんなこと言ったたって、これから向島《むこうじま》でお花見をなさるんでしょ」

「花なんかどうでもいいよ。去年咲《さ》いたのと、今年咲いたのとじゃ、形が違うわけじゃないんだから」

「お花見に来たのに、花を見ないなんて、つまらないじゃありませんか」

「それなら、障子《しょうじ》へ穴をあけて、覗《のぞ》いていなさい」

「そんなことを言って、障子の穴から覗く花見なんてぇのはありませんわ」

「お前らはうるさいね。花見がしたかったら、勝手に上がりなさい。私はここで酒を飲んでるから。誰かに顔を見られたらどうするんだ……。それからね、これでは盃《さかずき》が小さくて仕方がない。もう少し大きいのを持ってきておくれ」

大きな盃でぐいぐいと飲んでいると、船は大川《おおかわ》を上《のぼ》り、吾妻橋《あづまばし》を越え、枕橋《まくらばし》へ来た時分《じぶん》にはすっかりいい心持《こころも》ちになっております。

すると、陽気のいい日に、船へ大勢《おおぜい》乗り込んで、しかも障子をピッタリと閉めていますから、暑いのなんの。

「これはたまらないな。暑いなこれは。どうしてこうぴったりと閉めちまうんだ。少し開けな」

「そんなことを言って。だって開けちゃいけないとおっしゃったじゃありませんか」

「いくらそう言ったからって、こう閉め切っちゃたまりませんよ。少し開けろ、開けなさい」

船の中にいる者も暑くて仕方がないところへ、お許しが出たものですから、スーッと障子を開けると、目の前には向島の土手《どて》が見えます。花の方は今が満開という頃合《ころあ》いで、土手《どて》の上は大勢《おおぜい》の人であふれかえっております。緋毛氈《ひもうせん》を敷《し》いて、お重《じゅう》を開けて、静かにお酒宴《さかもり》をしているという品のいいお花見もあれば、その隣《となり》では、丼鉢《どんぶりばち》を叩《たた》いてかっぽれを踊《おど》っているという花見。その向こうでは女の子がキャッキャッ言いながら鬼《おに》ごっこをしているのもあったりと大騒《おおさわ》ぎで……。

「おもしろそうじゃありませんか。こうやって船の中にいるんじゃなくて、土手へ上がりましょうよ」

「うるさいね。上がりたければ、勝手に上がんな。私はここで一人で飲んでいるから」

「そんなことを言わないで、一緒《いっしょ》にお花見をしましょうよ。一八《いっぱち》さん、なんとかしておくれよ」

「困りましたな……。それじゃ大将、ちょっと失礼をいたしまして、こう扇《おうぎ》を開いて、あなたの顔を隠《かく》しまして、この腰紐《こしひも》で……」

「おいおい、何をするんだ?」

「黙《だま》っていらっしゃい。扇を逆《さか》さにして、こう顔に当てて、それを腰紐で頭の後ろを結《ゆ》わきますと。どうです? 扇の骨の間から前が見えますでしょ? これなら顔が隠れますから、土手を回って、船に戻ってきて一杯やればいいじゃありませんか」

「なるほど、こうしていれば顔は分からない。それじゃあ土手へ上がるとするか」

船頭へ頼《たの》むと、船は土手に着きます。それから土手へ上がると、

「さあ、鬼《おに》ごっこしましょうよ」

「よし、私が鬼になってやる。さ、つかまえた奴《やつ》には大きいもので飲ませるぞ、それ、行くぞ!」

「あら、いやだわ」

これまでグッと我慢《がまん》してきたところへ、酒がいっぺんに回りましたので、土手の上で大騒ぎを始めます。そこへ向こうからやってきたのは、お店《たな》の旦那で、供《とも》を連《つ》れて、こちらも向島へお花見に。

「今日はいいお日和《ひより》でした。桜は満開ですし、いいときへ出向くことができました。おやおや、若い衆が騒《さわ》いでいるね。お花見なんていうのは、こうして大勢の人がいて騒いでいないと、気分が出ないなんておかしなものでね。それにしてもあれはたいそう派手《はで》な花見だな。芸者や幇間を連《つ》れて、あれは踊っているのか。傍《はた》から見ていると、なんて馬鹿《ばか》げたことをしているんだと思うかも知れないが、あれで、ああやってやってみると、おもしろいものでしてね。私もそりゃ、若いうちにはやりましたよ。危《あや》うく親父に勘当《かんどう》されそうになってね。ハハハ、おもしろそうだ。え、なんだい？ うちの番頭に似ている？ 何を言うんです、そりゃあ人違《ちが》いですよ。うちの番頭は、あれは堅《かた》くてね、もう少し柔《やわ》らかくてもと思いますよ。今朝《けさ》もね、若い者に小言を言ってるんだ。『芸者という紗《しゃ》は何月に着るんだ？ 幇間《たいこもち》という餅《もち》は煮《に》て食うのか、焼いて食うのか？』なんて、それじゃあ堅すぎますよ。そんな番頭がこんな騒ぎを見たら目を回しますよ……。おや、こっちへ来ますよ。危ない、危ない、端《はし》の方を通りましょう」

旦那の方が端へ寄りますと、向こうも端の方へ。こりゃいけないと思うから、右へよけると、向こうも右へ。左へ寄れば同じように左へ。しまいには何かに蹴躓《けつまず》いたのか、ツルッと滑《すべ》って、旦那の方へぶつかってきた。

「(両手でつかまえた形で) さあ、つかまえたぞ。つかまえた」

「これは人違いでして」

「何を言ってるんだ。人違いもあるものか。さ、一杯飲ませるぞ。さ、顔をみてやるぞ、さあどうだ！」

顔の前へかかる扇を取って、相手の顔を見ると、一番怖《こわ》いと思っている旦那の顔ですから、驚《おどろ》いたのなんの。番頭は思わず一間《いっけん》ばかり飛び下がって、そこへ座《すわ》り込むと、

「ど、どうも、お久しぶりでございます。ご、ご無沙汰《ぶさた》を申し上げておりました。そ、その後、お変わりはございませんか」

「これこれ、番頭さん。そんなところへそうして座っていては、着物が汚《よご》れるじゃありませんか。（周《まわ》りにいる人へ向かって）大層酔《たいそうよ》っているようだから、怪我《けが》のないようにみなさんも気を付けて、あまり遅《おそ》くならないように帰してあげて下さいよ。さ、早く行きましょう」

「……ああ、驚いた。とんでもないことをした……」

「どうなさったんですの？　どなたです？　あの方は？」

「あれがうちの旦那《だんな》だ」

「あら、そうですか。それにしても粋《いき》な旦那じゃありませんか。『酔っているようだから、怪我のないようにみなさんも気を付けて』なんて。まだその辺にいらっしゃるでしょうから、呼んできて、一緒に飲みましょうか？」

「馬鹿なことを言うな。だから私は船から上がるのは嫌《いや》だと言ったんだ。とんでもないことになった。私はすぐに帰りますから、あとのことは頼《たの》みますよ」

番頭さんはというと、すぐに駄菓子屋へ戻《もど》って、着物を着替えると、店の前まで戻ってくる。

「今日は何という日だ。とんでもないところを見られたな……。でも待てよ。他人のそら似ということもあるからな。あれが旦那かどうかはわからないからな。うん、確かめてみよう……。はい、今、帰りました」

「お帰んなさいまし」

「お帰んなさいまし」

「旦那はお宅にお出《い》でになるか？」

「いいえ、お供《とも》を連《つ》れて、向島へ花見へおいでになりました」

「え！　あ、やっぱりそうか……。私は風邪《かぜ》を引いたのか、頭が痛いんで、今日は二階へ上がって寝《ね》るから。それで旦那がお帰りになって『番頭は？』とお尋《たず》ねになったら、『風邪を引いてただいま寝ております』と申し上げて、いいな」

「へい……」

「はいはい、ご苦労様。今日はありがとう。はい、今、帰りました」

「お帰んなさいまし」

「お帰んなさいまし」

「番頭さんは？」

「先ほど、お帰りになりました」

「ああそうか、先ほどお帰りか」

「なんでも風邪を引いて、頭が痛むから先へ寝かせていただきますと申しておりました」

「風邪を引いた……。それでお医者さまは？」

「薬を飲んでお眠《ねむ》りになりましたが」

「そりゃいけないな。店の大事な番頭さんだ。（声を大きくして）お医者様に診《み》せた方がいいでしょう」

それを聴《き》いている番頭さんの辛《つら》いことといったらありません。

「何と言われても仕方がない。こっちが悪いんだ。あんなところを見られては無事《ぶじ》で済む訳はないな。何て言ってくるだろう。『お前も長い間ご苦労様。今度暇《ひま》を出しますから』と言ってくるかな。それとも『（旦那の心で、声を荒《あ》らげて）そこへ座りなさい！　貴様《きさま》という奴《やつ》は、これだけ面倒《めんどう》を見ておきながら！』……」

あれこれ考えておりますと、コトッと物音がしただけでビクッと飛び上がらんばかりになり、いよいよだなと思いますが、誰《だれ》もやってきません。こうなるとおちおち寝てもいられず、トロトロッと眠《ねむ》りについたかと思うと、小言《こごと》ばかりを聞かせていた若い衆や小僧が、ぼろ切れを着た自分の前へズラリとやってきて、「番頭さんではありませんか。どうしたんですか、昔に引き換えて、大層落ちぶれたじゃありませんか」と言っては、ワッと笑われる。そして、ハッとした途端《とたん》に目が覚《さ》める。

またウトウトしたかと思うと、今度は高い山から突《つ》き落とされるような夢を見て、一晩中《ひとばんじゅう》、七転八倒《しちてんばっとう》の苦しみで朝を迎《むか》えます。そうなるともう寝ていられないので、店の戸を開けて、箒《ほうき》を持って外へ出ると、せっせと店の前を掃《は》き始めます。それを見た小僧が驚《おどろ》いて、

「番頭さん、どうもすみません。（箒を受け取ろうと両手を前に突《つ》き出して）あたくしが掃きますから」

「ああ、いいんだ。私が掃除をするから、お前は帳場《ちょうば》へ行って、帳面をつけてくれ」

と、何だか訳が分からない。

食事を済ませて、帳場で帳面を開いても、字がボーッと霞《かす》んで見える始末《しまつ》。そのうち、奥《おく》の方では旦那がお目覚《めざ》めになったと見えまして、神仏へお詣《まい》りを済ませ、食事も済ませ、煙管《きせる》で煙草《たばこ》を喫《の》み、吸い殻《がら》をポンッとはたく音が番頭に聴こえてくると、胸へくさびでも撃《う》ち込まれたような感じがします。

「これ、（ポンポンと手を打ち）誰《だれ》かいないか、これ（再び手を打ち）」

「へい、お呼びでございますか？」

「番頭さんがお店にお出《い》でだったら、ちょっとお話があるから、お手間《てま》は取らせませんがお出《い》でを願いたい。もしお忙《いそが》しいようでしたら、後ほどでもよろしうございますと言って、ちょっと聞いてきなさい」

「へい。……番頭さん、もし番頭さん」

「なんだ？　旦那がちょっとお話がありますんで、奥へお出《い》で願えませんかと」

「（独《ひと》り言《ごと》のように）来たか……」

「何が来たんで？　お忙しいようでしたら、後ほどでもよろしうございますとおっしゃってましたが、どうします？」

「（不機嫌《ふきげん》そうに）うるさい！」

「へ？」

「うるさいよ」

「そういうことにいたしましょうか」

「（言葉粗《あら》めに）今行くと、そう言っとけ」

「へい。……行ってまいりました」

「ご苦労さま。番頭さんはお出《い》でになるのか？」

「へい。『うるさい！　今行くと、そう言っとけ』と言ってました」

「誰がそんなことを言った？」

「番頭さんがです」

「嘘《うそ》をつきなさい。番頭さんがそんなことを言うはずがない」

「いえ、何か一人でブツブツ言ってまして、今日はとても不機嫌《ふきげん》そうで、そう言ったんです」

「たとえそう言ったにしろ、お前は『ただいま申し上げましたら、番頭さんはお出《い》ででございます』と、なぜ言わない。ほら、なぜそうして小言《こごと》を言うと、ふくれっ面《つら》するんだ。少し可愛《かわ》いがってやれば増長《ぞうちょう》する！」

それを後ろで聴《き》いていた番頭さんの、これまたつらいこと……。

「誰《だれ》だい？　そこにいるのは。ああ番頭さんか。こちらへお入り」

「（恐縮《きょうしゅく》して）へえ」

「さあ、敷居《しきい》越しじゃなんだから、こちらへ入って蒲団《ふとん》を敷《し》いておくれ。あたしも敷いているんだから遠慮《えんりょ》することはない。遠慮は外《そと》でするものだよ」

「(さらに恐縮《きょうしゅく》して)へ、へえ……」

「お茶をいれますから、もうちょっと待っておくれ。今、小僧に小言《こごと》を言ったんだが、困ったものだね。礼儀作法《れいぎさほう》を知らないものを、お前が育てていくのだから、それは並大抵《なみたいてい》のことではないだろう。さぞ骨の折れることだろうとお察《さっ》ししますよ。お店の方は、今は構《かま》わないのかい?」

「へい」

「差し支《つか》えがあるようなら行っておくれよ。話というのは、ま、変な話をするようだがね、よく一軒《いっけん》の主人《あるじ》を『旦那《だんな》』と言うな。あれはどうして『旦那』と言うか、お前さんはご存じかい?」

「いいえ、存じ上げませんで」

「そうかい。そういう私もこの間までは知らなかった。これはある方に伺《うかが》ったんだが、天竺《てんじく》というのがあるだろう。天竺には五天竺《ごてんじく》あるそうだ。その中の南天竺《なんてんじく》に梅檀《せんだん》という大きな木がある。で、その下に南縁草《なんえんそう》という汚《きたな》い草が生《は》えるんだそうな。こんな立派《りっぱ》な木の下に汚い草が生えるのはみっともないというので、それを取ってしまった人がいる。するとあんなに栄えていた梅檀の木が枯《か》れてしまったというんだ。それというのは、この南縁草という草が梅檀にとって何よりのいい肥料《こやし》になって、南縁草の方は梅檀から露《つゆ》を下《お》ろされて、これがまた何よりのいい肥料となって、南縁草がどんどん生えていく。そうするとまた、梅檀の木が栄えていくという、いわば、持ちつ持たれつという訳だ。そこで、梅檀の檀と、南縁草の南を取って、だんなん、だんな……となったというんだ。ま、少しこじつけなところもあるし、それが嘘《うそ》なのか本当なのかもわからないが、あたしはそれはいい話だと思うんだ。お互いに世の中は持ちつ持たれつで成り立っている。

この店で言えば、こう言うとおこがましいが、あたしが栴檀で、お前さんが南縁草だ。お前が店でどんどん儲《もう》けてくれる。それがためにあたしの栴檀という木が大きくなっていく。お前さんは気に入らないかも知れないが、あたしはあたしなりに出来るだけの露は下ろしているつもりだ。これが店へ行くと、今度はお前が栴檀で、若い者や小僧たちが南縁草になる。これは私の思い違《ちが》いかも知れないが、近ごろの店の栴檀は大層《たいそう》威勢《いせい》がいいが、南縁草がちょっとしおれているように思うんだ。南縁草が枯《か》れてしまえば、お前さんという栴檀も枯れてしまう。そうなるとあたしも枯れてしまう。だから、どうか店の者へも、お前さんからできるだけの露を下ろしてやってもらいたいんだ」

「まことにどうも、行き届きませんで……」

「いやいや、行き届かないなんてとんでもないことだよ。お前さんのしていることは、実に隅々《すみずみ》までよく行き届いている。しかしね、世の中というのは難《むずか》しいもので、よく無駄《むだ》をしちゃいけないというが、あれも無駄、これも無駄といって、無駄のなくなった世の中が良くなるかというとそうでもない。鯛《たい》という魚があるでしょう。仮にお膳《ぜん》へ鯛をつけるとしても、頭を食べる人も尻尾《しっぽ》をかじる人もいない。だからと言って、真ん中の切り身だけを置いておいても、鯛という魚には値打《ねう》ちがなくなる。頭と尻尾は無駄なように見えて、決して無駄ではないということだ。店にいる者にしても、こんな者は役に立たないという者はいない。お前がうちへ奉公《ほうこう》へやってきたとき、あれは確か十一だった。あのときのことを覚《おぼ》えていますか? 葛西《かさい》からうちへ来る惣兵衛《そうべえ》という男が、『かわいそうな子どもで、これをどうか使っていただきたい』と言う。そのときに来たのは、色の真っ黒な、痩《や》せっこけた、目ばかりがギョロギョロした汚《きた》ない子だった。それに困ったのは寝小便《ねしょうべん》というやつだよ。いくら小言を言っても治らない。死んだおばあさんが色々と薬を飲ませてみたがいけない。これはお灸《きゅう》を据《す》えたらよかろうということで、腰《こし》へ灸を据えるんだが、墨《すみ》でしるしをつけても色が黒いもんだからわからない。仕方がないから白粉《おしろい》でしるしをつけて、お灸を据えたことがある。使いにやれば、用を三つ言いつけると必ず一つは忘れて帰ってくるし、金を落としては泣いて帰ってくる。二桁《ふたけた》の算盤《そろばん》を二月《ふたつき》かかっても覚えない。こんな者は置いたところで役に立たないから暇《ひま》を出したらというのを、あたしが見どころがあるからと置いておいた。それが今日のお前さんだ。立派《りっぱ》になってくださってありがたいと思っています。だから役に立たないと思う者でも、育てておけば何かの役に立たないとも限らない。お前さんもさぞかし骨の折れることだろうが、一つ、店の南縁草に露を下ろしてやるようにお願いしますよ」

「（恐縮しきって頭を下げながら）まことに恐《おそ》れいりました」

「とんだつまらん話をして……、今、お茶をいれますから、ちょっと待っておくれ。（急須《きゅうす》にお茶と湯を入れて、それを湯呑《ゆのみ》に注ぎ）話は違うが……、昨日《きのう》はまた……、大層お楽しみだったね」

「（うろたえて）へ、へえ、あれはなんでございます……、ええ、あ、お得意様《とくいさま》のお供《とも》をいたしまして……」

「（押《お》しとどめるように）いやいや、そんな言い訳をしなくてもいい。お前が金を出して遊んでいるか、他人《ひと》のお供であるか、そんなのは見てわからないことはないが、どうか他人様と付き合って遊んだときには、充分《じゅうぶん》に金は使っておくれ。先方で二百両出して遊んだときには、お前は三百両お出し。五百両使ったら千両だ。どうかそうしてくれないと、いざというときに商売の切っ先が鈍《にぶ》くなって仕方がない。そんなことでつぶれる身代《しんだい》なら、あたしは何も言いません。（ここで改まって）お前さんは昨夜《ゆうべ》よく寝られましたか？　あたしはね、昨夜は一睡《いっすい》もしなかった、いや、できなかったよ。あたしは店へ出れば、お前さんが商売をやりにくかろうと思って、どんなに忙《いそが》しそうでも顔を出さないことにしています。『お時間のあるときにお調べ願いたい』と言ってお前の持ってくる帳面も、一度も見たことはありませんでした。しかしね、昨夜は見せてもらいましたよ。あんなところを見せられて、どんな穴をあけているのかと。こんなことを言うと、さぞ気の小さい主人だと、お前は笑うかも知れないが、あたしも自分の身上《しんじょう》は大事です。ところが調べてみたところ、これっぱかりの穴もない。あたしはね……、本当にうれし涙《なみだ》がこぼれました。（涙ぐみながら手をついて）番頭さん、お前さんに改めてお礼を言いますよ。私はいい家来《けらい》を持ちました。お前は自分の力で儲《もう》けて、その金で遊ぶ。これまでお前に店を持たさなかったのは、あたしが悪い。しかし後を継《つ》がせる者がいないので、つい延《の》び延びになってしまった。本当にすまないことをしました。来年は約束通りにお前に店を持たせます。どうかそれまで、店の方はお前さんにやってもらいたい。どうか辛抱《しんぼう》しておくれ。いいかい？」

「へえ、（感動をしてすすり泣きをし、鼻をすすり）へへへへ、あ、ありがとう存じます」

「ハハハハ、お忙《いそが》しいところをすまなかったね。そう言えば、あたしはお前さんは不器用《ぶきよう》な人だと思っていたんだが、昨日の踊《おど》りを見たときには驚《おどろ》いた。どこでいつ稽古《けいこ》したのか知らないが、こう、前へ出てくる足取りなぞは、なかなかどうして素人離《しろうとばな》れがしているが、ほら、ここに孫《まご》の太鼓《たいこ》がある。あたしがこれを叩《たた》くから、お前ちょっと、あの踊りを見せておくれ。（番頭がうろたえるのを見て笑い出し）ハハハハハ、嘘《うそ》だ、嘘だ。お前も正直だね。それは冗談《じょうだん》だが……、（思い出したように）あ、それからお前にもう一つ尋《たず》ねたいことがあるんだが、昨日会ったときに『お久しぶりでございます。ご無沙汰《ぶさた》を申し上げて……』とか、大層会わないような挨拶《あいさつ》をしたが、同じ家にいながらご無沙汰だなんて、あれは一体どういう心持ちだったのかい？」

「へえ、堅い堅いと思われている私が、あんなざまでお目にかかりましたので、ああ、もうこれが百年目と思いました……」

●作品の背景●

上方落語の大ネタ中の大ネタとされる落語ですが、その舞台を隅田川といった江戸に置き換えた、今では春になると東京でも盛んに演じられるようになった一席です。

ただし、文化《ぶんか》年間（一八〇四～一八）の江戸の演目表に同じ題名が見られたり、宝暦《ほうれき》十二年（一七六二）『軽口東方朔《かるくちとうぼうさく》』の「手代《てだい》の当惑《とうわく》」、明和七年（一七七〇）『軽口片頬笑《かるくちかたほえみ》』の「うろたへても気転《きてん》」、安永《あんえい》五年（一七七六）『軽口こまさら〵』の「手代の答話《こたえばなし》」、安永六年（一七七七）『さとすゞめ』の「大さわぎ」といった様々な著作に原話が見えることから、古くから江戸にあった噺《はなし》と思われます。

場面転換も多く、番頭さんの貫録《かんろく》や旦那の心持ちなど、演じ分けが難《むずか》しいことから、古今東西の名人級の落語家が手がけてきた落語です。近年では六代目三遊亭圓生《さんゆうていえんしょう》や上方落語家で初《はつ》の人間国宝に認定された桂《かつら》米朝《べいちょう》の高座《こうざ》が知られ、CDやDVDでその名演を楽しむことができます。

知っておきたい用語集

火箸《ひばし》　炭火を挟《はさ》むのに用いる金属製の箸《はし》。

こより　和紙を細長く切ってよりをかけたもの。これをさらに二本、三本とより合わせて強度を増したものもある。帳面の綴《と》じ紐《ひも》や髪《かみ》を束《たば》ねるときなどに使う。

ばつが悪い　きまりが悪い、気まずい思いをする。

落人《おちうど》　戦《いくさ》に負け、人目を避けて逃《に》げていく人。

お軽勘平《かるかんぺい》　浄瑠璃《じょうるり》や歌舞伎で演じられる『仮名手本《かなでほん》忠臣蔵《ちゅうしんぐら》』（本シリーズ『忠臣蔵』の巻「七段目」参照）に登場する男女の名。お軽と早野《はやの》勘平。

道行《みちゆき》　一般的には、道を行くことや旅することをいうが、日本の文学や芸能においては、人が旅をして、ある目的地に着くまでの道程《どうてい》を、地名と特色のある風景を次々に詠《よ》み込んで表現する形式を指すことがある。ここでは後者の意味。

清元《きよもと》　江戸《えど》浄瑠璃《じょうるり》の一つで、浄瑠璃の中で最も派手《はで》で粋《いき》な語り口をもち、裏声《うらごえ》による技巧《ぎこう》的な高い声に特色がある芸能。清元節。

差配《さはい》　取り扱《あつか》うこと。世話をすること。指図《さしず》すること。また、所有主の代わりに貸地《かしち》や貸家《かしや》などの管理をすることやその人。

厠《かわや》　便所のこと。

お湯《ゆ》　ここでは風呂へ入ること、銭湯《せんとう》へ行くことを「お湯へ行く」とも言う。

謡曲《うたい》　能の詞章《ししょう》（文句）だけを謡《うた》う芸事。本来の演じられるときに含まれる、役者の動きや囃子《はやし》などを除外し、一人で謡《うた》う芸能。

お茶屋《ちゃや》　主な意味として、製茶を売る店（葉茶屋《はぢゃや》）や旅人が立ち寄って休息する店（掛《か》け茶屋《ぢゃや》）。さらに客に遊興《ゆうきょう》や飲食をさせる店（水茶屋《みずぢゃや》、引手茶屋《ひきてぢゃや》）などがある。

葉茶屋《はぢゃや》　↓前項「お茶屋」参照。

幇間《たいこもち》　宴席《えんせき》などで遊客《ゆうきゃく》の機嫌《きげん》をとり、滑稽《こっけい》な動作や言葉によって座を賑《にぎ》やかにすることを職業とする男。ほうかん。男芸者と称されることもある。

紗《しゃ》　夏場の衣服地の一つで、生糸《きいと》を用いた搦織《からみお》りの一つ。二本の縦糸が横糸一本ごとにからみ合う織物で、織り目が粗《あら》く、薄《うす》くて軽い。うすぎぬ。うすもの。

番町《ばんちょう》　現在の東京都千代田区一番町から六番町までを指す。

半町《はんちょう》　一町の半分。尺貫法《しゃっかんほう》の距離《きょり》や面積の単位で、一町は六十間＝約一〇九メートル。ここでは約五十五メートル。

柳橋《やなぎばし》　東京都台東区の地名で、東を隅田川《すみだがわ》、南を神田川が流れ、神田川には柳橋が架《か》かる。江戸時代から花街《はなまち》（芸妓《げいぎ》や遊女が客をもてなす店が集まっている区域）として知られている。

舫い《もや》　船と船とをつなぎ合わせたり、船を岸の杭《くい》などに結んで停泊《ていはく》させる（もやう）ための綱《つな》。

向島《むこうじま》　東京都墨田区の隅田川《すみだがわ》東岸の地名で、古くより墨堤《ぼくてい》（隅田川の堤《つつみ》）の桜や百花園《ひゃっかえん》の月見などで知られている。

大川《おおかわ》　東京都内を流れる隅田川の吾妻橋《あづまばし》付近から下流の通称。

吾妻橋《あづまばし》　隅田川《すみだがわ》に架《か》かる橋の一つで、台東区雷門二丁目、花川戸一丁目と墨田区吾妻橋とを結ぶ。安永《あんえい》三年（一七七四）に初めて架《か》けられ、大川橋とも呼ばれた。

枕橋《まくらばし》　隅田川《すみだがわ》に注ぐ現在の北十間川《きたじっけんがわ》に架《か》かる橋。

緋毛氈《ひもうせん》　鮮《あざ》やかな赤色を指す緋色でできた毛氈。毛氈は獣毛《じゅうもう》に湿気や熱、圧力、摩擦《まさつ》などを加え、繊維を密着《みっちゃく》させて織物のようにした幅《はば》広な敷物《しきもの》。

一間《いっけん》　尺貫法《しゃっかんほう》の長さの単位で、約一・八一八メートル。

七転八倒《しちてんばっとう》　転《ころ》げまわってひどく苦しむこと。

蒲団《ふとん》　ここでは「座布団《ざぶとん》」のこと。

天竺《てんじく》　日本や中国で用いた「インド」の古称。

栴檀《せんだん》　センダン科の落葉高木で、暖地《だんち》に自生《じせい》し、また庭木・街路樹《がいろじゅ》とする。紫青色《しせいしょく》の小花を円錐状《えんすいじょう》につけ、晩《ばん》秋《しゅう》に黄色い楕円形《だえんけい》の実がなる。材は建築・器具材とする。ビャクダンの別名。

葛西《かさい》　現在の東京都東部の地名で、東京都江戸川区南部周辺を指す。

身代《しんだい》　ある個人が所有する財産。資産。

百年目《ひゃくねんめ》　どうにもならない運命の時。運のつき。「ここで会ったが百年目」などと使う。

文七元結
〈ぶんしちもっとい〉

●作品のポイント●

「情《なさ》けは人のためならず」という言葉があります。

他人に情けをかけておけば、いずれ自分に返って来るという意味ですが、この噺《はなし》に登場する長兵衛《ちょうべえ》親方《おやかた》がとった行動は、その言葉が頭にあっての計算ずくのものでは決してなく、お金をなくして困っている人を純粋《じゅんすい》に助けたいと思ってのものだったのではないでしょうか。

世知辛《せちがら》い世の中に、五十両（現在の約五百万円相当）という大金を見ず知らずの人に上げるなんて！と思うかもしれませんが、困っている人が目の前にいれば、助けてあげるのが人の情。しかも自分のことは考えずに他人を助けてしまうというのが、江戸っ子の人情です。

一方で、お久《ひさ》という娘が父親や家族の窮状《きゅうじょう》（ひどく困っている状態）を救うためにとった行動と、そこに見える思いとはどういったものでしょうか。自分が長兵衛であったら、そしてお久であったら、同じような行動が取れるか。そんなことを考えながら、この話に触れて下さい。

【本　題】

本所《ほんじょ》の達磨横町《だるまよこちょう》に住んでいる左官《さかん》の長兵衛《ちょうべえ》は、腕《うで》はいいのに、博打《ばくち》に凝《こ》ってしまい、今日もスッテンテンになって、裸《はだか》に半纏《はんてん》一枚羽織《はお》って、寒空《さむぞら》の中を帰ってきます。

「おい、帰ったぞ。どうしたんだ、こんなに暗くして。陰気臭《いんきくせ》えじゃねぇか。明かりをつけろ」

「お前さん、お帰りかい。ちょいと大変なんだよ。お久《ひさ》が昨晩《ゆうべ》から帰って来ないんだよ」

「お久が帰って来ねぇ？　そりゃあお久だって、歳《とし》は十七だ。色気《いろけ》づいてどこかにしけこんでいるんだろうよ」

「何を言ってるんだい。お久はそんな子じゃないよ」

「そんなことないって言ったって、日陰《ひかげ》の豆もいつかは弾《はじ》けるって言うじゃねぇか」

「あの娘《こ》に限って、そんなことがあるもんか」

「言いやがったね。いいから探してこいってんだ……」

「あちこち探したんだけども、どこにもいないから困っているんじゃないか……」

「ごめんくださいまし、ごめんくださいまし」

「おい、誰《だれ》かやって来たぞ。どなたでございます？」

「お取り込みのところ失礼いたします。親方、ご無沙汰《ぶさた》をしております」

「え、ええ……、どなたさま、でしたか……？」

「佐野槌《さのづち》の藤助《とうすけ》でございます」

「ああ、そうだ、藤どんだ。綺麗《きれい》な形《なり》をしてるからわからなかったよ。すまねぇんだが、ちょっと取り込みごとがあって、用があるなら後《あと》にしてくれねぇか」

「つかぬことを伺《うかが》いますが、その取り込みごとというのは、もしかするとお嬢様《じょうさま》のお久さんのことではありませんか？」

「よく、わかったな」

「なら、ご安心くださいまし。お久さんなら、昨晩《ゆうべ》から手前《てまえ》どもの店にいらっしゃいます」

「お久が佐野槌さんに？　何だって吉原《よしわら》なんかに……」

「それで女将《おかみ》さんから、親方がお出《い》でになりましたならば、すぐさまご同道《どうどう》願いたいということでして……」

「わ、わかった。今、行くよ……。おい、聞いたか。お久の奴《やつ》は吉原にいるとよ」

「何であの子はそんなところにいるんだろうねぇ。それじゃあお前さん、すぐにこれから行っといでよ」

「うるせえなあ、こっちにも色々と都合があるんだよ。藤どん、すまねえが、一足《ひとあし》先に店へ帰っててくれねぇか。すぐに仕度《したく》をして伺《うかが》いますんで、女将さんによろしくおっしゃってくださいな。……おい、こんな格好《かっこう》じゃ行かれねえから、お前の着物を貸してくれ！」

「いやだよ。あたしだって、これっきりだよ。これをお前さんが着てったら、半襦袢《はんじゅばん》に腰巻《こしまき》だけだよ」

「じゃあお前は、俺を裸で吉原に行かせようって言うのか？」

「そんなことは言ってないけどさ、着物は貸せないって言うんだよ」

「同《おんな》じことだ。早くその着物を貸しねえ！」

長兵衛は無理やりに着物を奪《うば》うように着て、お久がいるという吉原の佐野槌へやって来ますが、煌《きら》びやかな風景とは異なり、大層汚《たいそうきたな》い格好《かっこう》をしておりますので、店の裏口《うらぐち》へ回りますと、

「ごめんくださいまし」

「はい。あら、これは長兵衛親方ではありませんか。女将《おかみ》さんならお待ちかねですよ。さあさあ、どうぞこちらへ……。(奥《おく》へ向かって) あの、女将さん、長兵衛親方がいらっしゃいました」

「そうかい。さあさあ遠慮《えんりょ》はいりませんよ。こっちへ入っておくれ。なんだい親方、随分《ずいぶん》とご無沙汰《ぶさた》をしているじゃないか」

「へ、へえ。申し訳ございません。こうご無沙汰をしちまうってぇと、敷居《しきい》が鴨居《かもい》になっちまいまして、どうも申し訳のねえことでございます。壁《かべ》の方はまたおいおい時間を見つけて塗《ぬ》りますんで……」

「それはいいんだけどもね、なんでも親方、商売替《が》えをしたと聞いてるよ」

「へ？」

「博打《ばくち》打ちになったそうじゃないか」

「へ、へぇ、面目《めんぼく》ない……」

「ところで親方、ここにいる、この娘《こ》をご存じかい？」

「(チラリと見て) へい。うちのお久で。(お久の方を向いて) おい、出かけるなら出かけるって、ひと言

おっかあに言えばいいじゃねえか。随分《ずいぶん》心配してるぞ。それになんだ、こういうところへ来るときにはな、箪笥《たんす》の引き出しにある、いい着物を着てこなきゃいけねえや」

「親方、お前さんも、その箪笥にある着物を着てきたらよかったじゃないか」

「へ、へえ……」

「この娘《こ》から何もかも聞きましたよ。実は昨晩《ゆうべ》、大引《おおび》け近くになって、この娘が店へやって来たんだよ。どうしたんだと思って聞いてみたらね、親方の娘《むすめ》だと言うじゃないか。あたしは小さいときに会ったっきりだから、こんないい娘《こ》になるとは思ってもいなかったよ。そうしたら、『お父《と》っつぁんが博打にばっかり精《せい》を出しまして、この頃《ごろ》仕事をしませんで、家には何一つございません。わたしのような者でも、こちらさまで働かせてくださいませんか。それでそのお金をお父っつぁんに渡《わた》して、女将さんからよくご意見をしてください』と言うんで、あたしは涙《なみだ》が出ましたよ。長兵衛さん、お前さん、一体《いったい》どうしたんだい？　お前さんは仕事にかけては名人だよ。あんなにいい腕《うで》を持っていて、どうして博打になんか凝《こ》っちまったんだい？」

「へ、へえ……」

「それでいくらあったら、お前さんは元の堅気《かたぎ》の職人に戻《もど》れるんだい？　いくらあればいいんだい？」

「そうですねえ、義理《ぎり》の悪い借財《しゃくざい》があって、それから道具を質受《しちう》けして、なんやかやで五十両あれば……」

「五十両だね、それはあたしが貸《か》しましょう」

「女将さん、お貸しくださいますか？」

「ああ、貸しましょう。（金包みを長兵衛の前に差し出し）この中に五十両入っている。それで、いつ頃《ごろ》返しに来るね？」

「そりゃあ、年が改まりましたらすぐにでも」

「長兵衛さん、馬鹿《ばか》をお言いでないよ。たった数日で五十両の金が稼げるんだったら、なにも困ることはないじゃないか。本当のことを言っておくれ。一体、いつなら返せるんだい？」

「さいでござんすね。今年ももうわずかでございますから、来年、目一杯に働いて、大晦日《おおみそか》までにはお返しに上がります」

「ずいぶんと延びたね。来年の大晦日……。いいでしょう。ただし、それまでね、この娘《こ》はうちで預《あず》かっとくよ。そう心配するんじゃないよ、店には出しゃしないよ。うちの娘分ということで、女一通《ひととお》りのことを仕込んであげます。だけどね、お前さんがもし大晦日になって、お金を返しに来なかったら、そのときはあたしも鬼《おに》になります。この娘を店に出すよ。それがために悪い病気を引き受けないでもないし、そのときにあたしを恨《うら》んでもらっちゃ困るよ。いいかい？　話がわかったら、この娘《こ》に礼を言って、持ってお出《い》で」

「へ？」

「この娘に礼を言って、持って行きなさいな」

「この娘にって、こりゃあ、あっしのガキです」

「何を言うんだい。こんな立派《りっぱ》な娘《むすめ》をつかまえてガキだなんて。この娘《こ》がいたからこそ、五十両という才覚《さいかく》ができたんだよ。それができないんだったら、あたしゃ貸せませんよ」

「わ、わかりましたよ。お久、すまねえ。一年間だ、辛抱《しんぼう》してくれ。そうしたらお前を迎《むか》えに来るからな。

すまねえな……」

「さ、持ってお行き」

五十両の金を懐《ふところ》へ入れた左官の長兵衛は店を出ますと、大門《おおもん》をそこそこに、見返《みかえ》り柳《やなぎ》を後にして、土手《どて》を進んで、吾妻橋《あづまばし》までやって来ます。

「いやだなあ。博打なんざあ、金輪際《こんりんざい》振《ふ》り向いても見やしねえぞ。博打なんざあ、するもんじゃ……（そっと近づいて行って、両手で捕《つか》まえて）おい、待ちねえ！」

「放してください。あたしは生きていられないことがございまして、ここから身を投げるんです。どうぞ放してください。助けると思って殺してください！」

「馬鹿《ばか》なことを言うな。助けたり殺したりできねぇじゃねぇか。ほら、手を放せ。放せって言うんだ！（相手の顔を叩《たた》いて）この野郎《やろう》！」

「痛い！　何をするんです？　怪我《けが》をしたらどうするんです！」

「何を言ってやがる。てめえ、今、死ぬって言ってやがったじゃねえか。ここから身を投げるなんて、一体《いったい》何があったんだ？」

「どうせあなたに話したってわかってくれません……」

「そんなこと、話してみなきゃわからねぇじゃねぇか。いいから話してみろよ」

「……わたくしは横山町《よこやまちょう》二丁目の近江屋卯兵衛《おうみやうへい》と申します鼈甲問屋《べっこうどんや》の若い者でございます。今日、お出入り先の小梅《こうめ》の水戸様《みとさま》へお掛《か》け金《きん》を頂戴《ちょうだい》に参ったのですが、五十金というお金を懐《ふところ》に入れて枕橋《まくらばし》の上まで参りますと、人相《にんそう》の悪いお方《かた》がぶつかってきまして、あッと思って懐へ手をやったときには、もうございません……。五十両盗《と》られてしまいました」

「なんだ？　五十両盗られた？（あわてて袖口《そでぐち》から懐へ手を入れて金があるかどうかを確かめる）五十両って言ったら大金だぜ。なにかい？　そうしたらお前はその金を盗られて申し訳ねぇから、ここから飛び込もうってんだな？　で、何かい？　お前の店のご主人っていう人は話のわかる人かい？　人間には災難《さいなん》ってものがあるよ、盗られちまったものは仕方がねぇや。それに命を粗末《そまつ》にするもんじゃねぇや。だからよ、お前はこれから店へ戻《もど》って、よォくご主人に詫《わ》びをしな。いいな、わかったな？　わかった？　じゃ、おれはこれで……。（行こうとすると、また飛び込もうとするので、あわててつかまえて）なんで話を聞かせるそばから、お前はそうやって死のうとするんだよ……」

「おっしゃることはよくわかりますが、あたくしも九歳《ここのつ》や十歳《とう》の子どもじゃございません。ご主人のお金を盗られて、このまま店へは帰れません」

「それじゃあ、何か？　お前はどうしても死ぬって言うんだな……。わかったよ、そうしたらな、俺《おれ》が持っている金をお前に……。おい、その金だが、そりゃあ二十五両でいいんじゃねぇか？　ダメだ？　三十両……じゃいけねえか？　どうしても五十両？　……どうせ俺には授《さず》からねえ金か……。さ、ここに五十両あるから持ってけ！」

「え？　見ず知らずのあなた様から五十両という大金をいただくことはできません」

「俺だってやりたかねえ！　やりたかねえよ……。いいか、これはお前のを盗ったんじゃねぇぞ。財布《さいふ》を見てみろ、違《ちが》ってんだろ？　俺がこんな女の身形《みなり》をしてるんで、てめえはおかしな野郎だと思ってるんだろうが、いいか、俺は商売は左官《さかん》だが、博打《ばくち》に凝《こ》っちまって、首が回らなくなっちまった。それでな一人娘のお久っていうのが、吉原《よしわら》の佐野槌《さのづち》って店へ行って、こしらえてくれたのがこの五十両だ。俺が来年の大晦日《おおみそか》までに返さねえと、娘は店へ出なきゃならねえ。だけど、俺はこれをお前にやる。ありがてえと思ったら、店の隅《すみ》に不動様《ふどうさま》でも金毘羅様《こんぴらさま》でも祀《まつ》ってあるだろう？　おめえの信心する神仏《かみほとけ》でもいいから拝《おが》んでやってくれ。吉原の佐野槌に奉公《ほうこう》をしておりますお久という女が、どうぞ悪い病を引き受けないようにってな。そう拝んでやってくれ。頼《たの》んだぜ。さ、持って行きねえ」

「そのようなお金でございましたら、なおさらいただく訳にはまいりません」

「まいりませんって言ったって、てめえは金がなけりゃ死んじまうってんだ。こっちは娘が女郎《じょろう》になろうと、俺が手間取《てまど》りになろうと、命に別状《べつじょう》はねえんだから持ってけってんだ！」

「でも……」

「でもなにもねえ、持ってけ。持ってけ！　何を言ってやんでぇ、持っていきやがれ！（と、財布を投げつけて、その場を立ち去る）」

「な、何をなさるんです……。乱暴《らんぼう》な人だな。どうせ金なんか持っている訳はないのに、言い出した手前、何かぶつけていったよ。お金なんぞ持って……（財布《さいふ》の重みを感じ、中を改めて）、あ、お金だ！　お金。ああ、お金だ……。（財布を両手で押し頂《いただ》き）ありがとうございます、ありがとうございます……」

「番頭さん、文七《ぶんしち》はまだ戻《もど》らないのかい？　何かなければいいがね。それにしても遅《おそ》いね……。え？　文七が帰ってきた？　そうかい。文七かい？　さあさ、こっちへお入り。どうしたんだ、遅かったね」

「大層《たいそう》遅くなりまして申し訳ございません。お屋敷《やしき》のご勘定《かんじょう》はこちらです。財布は違《ちが》っておりますが、確かに五十両入っております」

「番頭さん、文七がお金を持って帰ってきたよ。不思議《ふしぎ》なことがあるもんだねえ。文七、よくお聞きよ。お前はどうして、ああ碁《ご》が好きなんだい？　お屋敷《やしき》へ行って、お掛《か》け金《きん》を頂戴《ちょうだい》した後、中村様と林様が碁を囲んでいらしたね。それをお前は見ていて、林様がお立ちになったあとへ、お前が座って、中村様のお相手をしたそうではないか。お前が帰った後で、盤《ばん》をお片付けになると、お前の財布がそこにあった。お屋敷じゃ驚《おどろ》いて、このお金がなければ困るだろうと、わざわざお使いをもってね、お屋敷からお届けくださすった。ところが、お金が先へ来ちまって当人が来ない。どうしたんだろうと随分《ずいぶん》心配していたんだ。文七、これでお金が倍になってしまったよ。これは一体どうした訳なんだい？」

「え！　た、大変でございます。娘が女郎になっちまいます。不動様と金毘羅様とどちらがご利益《りやく》がありますか？」

「文七、落ち着きなさい。どういう訳なんだ？」

「ヘッ。あたくしはてっきり、財布を盗《と》られたと思ってたんで……」

「盗られた？　それで？　うん、身を投げようとした？　何て言うことを考えるんだ。それで、そこを通りかかった方が助けて下さった？　それで、このお金をくれた？　偉《えら》い方だね。どこの何ていう方だ？　伺《うかが》わなかった？　それはいけない。何か言ってなかったかい？」

「商売は左官だとおっしゃいました。首の回らないほど博打《ばくち》に凝《こ》って、それで一人娘のお久さんというのが、吉原のさ、さの……何とかいいました。そこへ駈《か》け込んでこしらえてくれたのがこの五十両で、それを来年の大晦日《おおみそか》までに返さないと、娘さんがお女郎《じょろう》になるそうで。それで悪い病《やまい》を引き受けないように、不動様でも金毘羅様でも拝《おが》んでくれと……」

「そうかい、わかりました。困ったのは娘さんが駆《か》け込《こ》んだ店の名前だよ。わたしもそうだが、この店の若い者は吉原へ足を踏《ふ》み込んだことのない堅《かた》い者ばかりだからね……。正二郎、お前さん何かわからないかい？」

「そうですね、さの何とかであれば、それは佐野槌《さのづち》ではございませんか？　この暮れに来て、五十両という大金をすぐに動かせるというのは大きな店でございます。そうなると佐野槌かと」

「ほう。お前さん、よくご存じだね」

「あ、そ、それは、いささか書物の上で……」

「いいよ、いいよ。うちは鼈甲問屋《べっこうどんや》だから、店の者に一人や二人、吉原に明るい者がいたって構わないよ。そうかい、佐野槌かい……。文七、今日はもう遅いので、早くお寝《ね》なさい。番頭さん、ちょっとこちらへ来ておくれ……」

　翌日になりますと、店の主人は文七を連《つ》れまして、横山町のお店を出ます。浅草の観音様で参詣《さんけい》を済ませて、吾妻橋《あづまばし》までやって来ますと、

「何を立ち止まっているんだい？」

「へえ。昨晩《ゆうべ》、ここから飛び込もうとしたんで……。今、見下ろしたんですが、ここから飛び込めば、命はありません……」

「そうだな、助けてもらった命だ。大切にしないといけないよ……。（あたりを見回して）あそこに酒屋《さかや》があるな。お前はあそこへ行って、お酒の切手《きって》を、二升《しょう》の良い切手を買ってきなさい。それでな、このご近所に左官の長兵衛さんっていう方がお出《い》でになるか尋《たず》ねてきなさい。角樽《つのだる》を借りてきて、道もよく聞いてくるんだよ」

「……お待ちどおさま、これが角樽で、これが切手でございます」

「それで、長兵衛さんの家《うち》は？」

「へえ、何でも、この路地《ろじ》を入ると、すぐわかるって言うんで」

「すぐに？」

「なんでも、世の中にあれほど夫婦喧嘩《ふうふげんか》の好きな家《うち》はない。今度の件は少し長くて、昨晩《ゆうべ》からずっと続いているから、喧嘩を目当てに行けばすぐわかるって言っていました……」

「だからよ、何度同じことを言わすんだよ。おれが吾妻橋まで来ると、若い野郎が身投げをしようってんだ。それをふんづかまえて聞いてみると、五十両盗《と》られちまって、生きていられねぇって言うんでな、その野郎に五十両の金を叩《たた》きつけて逃《に》げてきたんだよ」

「そこが何度聞いてもおかしいって言うんだよ。世の中にお金を盗って逃げるっていう人はあるけど、お金をやって逃げる人なんかいないよ。どうせまた博打で取られちまって、言い訳ができないからそんなことを言ってるんだろう？　どこで使っちまったんだい？」

「だから、くれちまったって言うんだ」

「あれはね、お久《ひさ》がこしらえてくれたお金じゃないか、それをお前さんは使っちまって……」

「うるせえな、使ってねぇよ。上げたんだ！」

「嘘《うそ》をお言いでないよ！」

「嘘じゃねぇよ！」

「ごめんください、ごめんくださいまし……」

「誰か来たよ。ほら、早く出な」

「ダメだよ、お前さんがあたしの着物を着てるから、こんな格好《かっこう》だよ」

「わかったよ。こっちへ来て、屏風《びょうぶ》の中に入っちまいな。ほら、屏風は低いんだから、頭ァ下げて、ほら、今度は尻が出てるよ。尻を下げて、頭もだ。はい、どなたでございますな。今、開けますから。頭と尻ッ！どうぞお開けなすって」

「ごめんくださいまし。左官の長兵衛親方のお家はこちらでございますか？」

「親方ってぇほどのもんじゃありませんが、長兵衛ってのはあっしでござんす。おめえさんは？」

「横山町二丁目の近卯《きんう》と申します鼈甲問屋で」

「ああ、そりゃあ、お門違《かどちが》いだ。うちにもかかあはいますけどね、鼈甲なんてとてもとても。今日もそば屋の箸《はし》を頭に差してますんでね、ご用があるのは家主《いえぬし》のところじゃござんせんか？」

「いえ、こちらへお邪魔《じゃま》に上がりましたもので……。さあ、文七、こちらへ入って、品物はそこへ。親方、この若い者をご存じではありませんか？」

「え？　ううん……」

「文七、お前はこの方をよく存じ上げているだろう？」

「（じっと見て）……あ、ああ！　昨晩《ゆうべ》の！　あ、吾妻橋《あづまばし》でもって、私を助けて下さいましたのは、旦那《だんな》！　この方です！　昨晩はありがとうございました」

「え？　吾妻橋で？　……お、おめえだ！　おめえだな。よく来てくれたなあ。おめえに聞くけども、確かにおれはお前にやったな？　五十両という金をやったな？（屏風の方を見て）そォれ見やがれ！　いやいや誰《だれ》もおりませんがね。じゃあ何かい？　五十両という金は見つかったのかい？」

「わたくしはこれの主人でございますが、何からお礼を申し上げてよろしいやら。この文七の命を助けていただきました上に、五十両という大金までお恵《めぐ》みいただき、ありがたいことでございます。いえ、この文七が盗《と》られたと思っていました金子《きんす》は、お屋敷へ忘れてまいりまして、無事《ぶじ》にございました。なにはともあれ、この五十金、これはお手元へご返済《へんさい》にうかがいましたので、（金の入った包みを前へ出して）お納め願いたいのですが……」

「何だい？　盗られたんじゃなくて忘れた？　しょうがねえなあ。いやね、若い者はすぐに命を粗末《そまつ》にしようとするのが困るが、この人がご主人にすまないすまないの一点張りで。正直者なんでね、その気性《きしょう》に惚《ほ》れこんで、この金をやったんで。でも、これはいけませんや。一度、あっしの懐《ふところ》から出て行った金ですから、はいそうですかとは受け取れねえや。そうだ、この人だって、いずれ一軒《けん》店を持つでしょう？ そのときの足しにしてくださいな。これはあっしがこの人にやっちゃった金だからね。まあ取っといてください。これをそう……(包みを押し返そうとすると、屏風《びょうぶ》の陰《かげ》から女房に袖《そで》を引っ張られて)、引っ張るんじゃないよ。え？ いや、誰《だれ》もおりませんで。そうやって引っ張るんじゃない！ まあそんなわけで取っといてくださいな」

「ありがとうございます。そのお志《こころざし》だけ頂戴《ちょうだい》いたします。これは近卯《きんう》のお願いでございます。どうか受け取っていただきたい……」

「(あわてて)だ、旦那《だんな》、そりゃあいけねえや。手を上げて下さい。大家《たいけ》の旦那様から両手をつかれて頼《たの》まれるほど、あっしは立派《りっぱ》な人間じゃありません。わかりました。それじゃあ貰《もら》いますよ。いいですか？ 頂戴しますよ？ ありがてえ。旦那ァ、実はこの金があると、ありがたいんで。何しろ、この金のことであっしは昨晩《ゆうべ》から寝《ね》てねえんでございますよ」

「つきましてはお願いがございますが……」

「まだ、何かあんのかい？」

「あたくしも随分《ずいぶん》と奉公人《ほうこうにん》を扱《あつか》ってきましたが、見ず知らずの者に五十両という大金を投げ与えて、命を助けるという親方のお心持《こころも》ちには、つくづく感心をしました。そこでなのですが、是非《ぜひ》とも手前どもと親類同様のお付き合いをお願いしたいのです。そして、いずれこの文七にも一軒店を持たせてやりたいと思っているのですが、そのときには親方に後見《こうけん》になっていただきたいのですが、いかがでしょうか」

「何を言ってるんだい。そんなことを言うと、あっしはお前さんの店に金を借りに行くよ」

「一向《いっこう》にかまいません」

「それに後見になってくれと言われたって、あっしは鏝《こて》を持つより他《ほか》に能がねえ。それでもいいんですかい？」

「ありがたいことでございます。つきましては、これはお金の出ました身祝《みいわ》いでございます。どうぞお納《おさ》めを願いたいもので（角樽《つのだる》を差し出す）」

「へえ、すいませんね。この角樽ってやつは、いつ見ても景気《けいき》のいいもんだねえ。これはあっしの大好物《だいこうぶつ》。ありがとうござんす。喜んでいただきます」

「つきましては、お肴《さかな》をご用意いたしました」

「いや、肴なんぞはいらねえや。塩でもつまんで一升《しょう》は飲めちまいますんで」

「お気に召《め》しますやら、いかがなものでございますか……。親方、こちらでございます」

と、四つ手の駕籠《かご》が、長兵衛の住む長屋へタッタッタッと入って来ますと、家の前でピタリと止まります。駕籠屋が垂《た》れを上げますと、中から出てきましたのが娘のお久。昨日に変わる立派な姿をしておりまして、

「お父っつぁん、あたしはこの旦那に身請《みう》けをされました」

「お、お前は、お久じゃねえか！」

「このお肴はいかがさまで……」

「いかがもなにも、結構《けっこう》なお肴で……」

「お父っつぁん、おっかさんは？」

「そ、それは……」

屏風の中で隠《かく》れていたおっかさん、さっきから嬉《うれ》しくて出たい出たいと思っていた矢先に、「おっかさんは？」と言われたものですから、矢も楯《たて》もいられなくなって、

「お久！」

「おっかさん！」

極《き》まりの悪いのも忘れて、法被《はっぴ》に継《つ》ぎばかりの腰巻姿《こしまきすがた》で飛び出してきますと、親子夫婦が手を取り合って、うれし涙《なみだ》にくれました。

のちにこの文七とお久が夫婦になりまして、麹町貝坂《こうじまちかいざか》へ元結屋《もっといや》の店を開きましたところ、大変に繁盛《はんじょう》をしたという、『文七元結』という一席。

●作品の背景●

江戸後期から明治にかけて活躍《かつやく》した三遊亭圓朝《さんゆうていえんちょう》（一八三九〜一九〇〇）が明治二十二年（一八八九）に「やまと新聞」に連載した創作噺《そうさくばなし》で、原話《げんわ》は中国にあるという説もありますが定《さだ》かではありません。

この噺を得意にした昭和の名人の一人である八代目林家正蔵《はやしやしょうぞう》（一八九五〜一九八二）によると、「圓朝師匠が、土手場《どてば》といわれる山の手の寄席《よせ》へはいって、うしろで聞いていたら、この文七元結をやった人がいた。（中略）それをもとに圓朝師匠がつくったと聞いています」とされています（『林家正蔵集・上』より）。

圓朝の後、その弟子である四代目三遊亭圓生《えんしょう》から三遊亭一朝《いっちょう》に伝わり、それが昭和期に活躍した六代目三遊亭圓生や八代目林家正蔵《はやしやしょうぞう》へと継承《けいしょう》され、現在も多くの演者が高座《こうざ》で演じています。

演題は噺の最後で示されるように、お久と一緒になった文七が元結屋を開いたことから付いたものです。

また、話に登場する吉原の店は「佐野槌《さのづち》」ではなく、「角海老《かどえび》」という設定もあり、五代目古今亭志ん生《ここんていしんしょう》は鼈甲問屋《べっこうどんや》の名前を「近卯《きんう》」ではなく、「近惣《きんそう》」で演じていました。

歌舞伎では『人情噺文七元結《にんじょうはなしぶんしちもっとい》』という題で、この巻で紹介《しょうかい》した『芝浜《しばはま》』（歌舞伎では『芝浜の革財布《しばはまのかわざいふ》』）とともに、年末になると演じられる人気の演目の一つです。

知っておきたい用語集

世知辛《せちがら》い　世渡《よわた》りがむずかしい。暮らしにくい。金銭《きんせん》に細かくて、けちである。抜け目がない。

本所《ほんじょ》　現在の東京都墨田区本所。江戸初期には農村であったが、明暦《めいれき》の大火（明暦三年（一六五七））以後、市街地として開発された。万治《まんじ》三年（一六六〇）に本所築地《つきじ》奉行《ぶぎょう》が設けられ、竪川《たてかわ》、横川、十間川《じゅっけんがわ》、南割下水《みなみわりげすい》などの堀がつくられ、低地を埋《う》め立てて宅地が造成された。

達磨横町《だるまよこちょう》　現在の東京都墨田区東駒形《ひがしこまがた》一丁目。達磨屋があったことからその名が付いた。現在の駒形橋の南東側にあった一区域。

左官《さかん》　土や漆喰《しっくい》などの材料で、建物の壁《かべ》や床《ゆか》、天井《てんじょう》を仕上げる職人。

半纏《はんてん》　羽織《はおり》に似ているが、わきに襠《まち》がない丈《たけ》の短い上着。

陰気臭い　ここでは、部屋が暗いので、余計に気持ちも暗くなってしまうということ。

しけこむ　男女が情事のためにある場所に一緒《いっしょ》に泊《と》まること。

日陰《ひかげ》の豆もいつかは弾《はじ》ける
→日陰《ひかげ》の豆も時が来ればはぜる　他の人より成長が遅《おく》れていても、年ごろになれば一人前になるから心配は要《い》らないというたとえ。

取り込み　ある出来事が起こってばたばたしている状態。

半襦袢《はんじゅばん》　和服の下着で、着物の下に着るもの。本来、着物の下には長襦袢《ながじゅばん》を着用するが、それを簡略化したもので、さらに肌襦袢《はだじゅばん》を省略して着用する。

腰巻《こしまき》　女性の和装用の肌着《はだぎ》。腰《こし》から脚部《きゃくぶ》にかけて直《じか》にまとう布。湯文字《ゆもじ》。

敷居《しきい》が鴨居《かもい》になる
→敷居《しきい》が高い　不義理《ふぎり》や面目《めんぼく》のないことがあって、その人の家へ行きにくい。普段《ふだん》は足元にある敷居が障子《しょうじ》や襖《ふすま》などの建具《たてぐ》をはめる上部の横材である鴨居《かもい》の高さのように感じるというたとえ。

大引《おおび》け　遊廓《ゆうかく》で、その日の営業を終えること。午前二時頃《ごろ》。

堅気《かたぎ》　まともでまっとうな仕事や生活のこと。

義理の悪い

→義理が悪い　守るべきことを守っていないこと。ここでは返すべき借金を返していないことを指す。

質受《しち》け　質屋に借金（元金《がんきん》と利息《りそく》）を支払い、預《あず》けている品物（質草《しちぐさ》）を返してもらうこと。

才覚《さいかく》　ここでは、苦心して金を工面することを指す。

大門《おおもん》　吉原遊廓《よしわらゆうかく》の入口にあった黒塗《ぬ》りの門で、左脇《わき》に面番所《めんばんじょ》と呼ばれる町奉行《まちぶぎょう》や与力《よりき》（奉行の下で働く役人）の控《ひか》え場所、右脇に警備所《けいびじょ》があった。

見返《みかえ》り柳《やなぎ》　吉原遊廓の出入口にあった柳。朝帰りの客が大門を出て、後ろ髪を引かれる思いで、柳のあたりで振り返ったことから名が付いた。現在も吉原大門交差点角に立っている。

土手《どて》

→土手八丁《はっちょう》　隅田川《すみだがわ》への出入口である今戸《いまど》から三ノ輪まで続く山谷堀《さんやぼり》は隅田川から十三丁《ちょう》（約一・三キロメートル）あったが、吉原の入口までは八丁あったことから、吉原までの日本堤《にほんづつみ》を指してそう呼んだ。

吾妻橋《あづまばし》　隅田川《すみだがわ》に架《か》かる江戸四橋（両国橋、新大橋、永代橋《えいたいばし》）のうち、一番最後に架《か》けられた橋。安永三年（一七七四）架橋《かきょう》で、大川橋とも呼ばれた。

金輪際《こんりんざい》　（あとに打消の語を伴って）絶対に。断じて。

横山町《よこやまちょう》　現在の東京都中央区日本橋横山町周辺。両国広小路《ひろこうじ》そばにあり商店が軒《のき》を連《つら》ねていた。

鼈甲《べっこう》　熱帯に生息するウミガメの一種であるタイマイの甲羅《こうら》の加工品。元々「鼈」はスッポン、「鼈甲」はスッポンの甲のことを指した。現在は「絶滅のおそれのある野生動植物の種の国際取引に関する条約（ワシントン条約）」によってタイマイの商業取引は原則禁止されている。

小梅《こうめ》の水戸様《みとさま》　水戸徳川家の下屋敷《しもやしき》（大名などの別邸）があった。現在、隅田《すみだ》公園がある東京都墨田区向島《むこうじま》一～三丁目周辺。

枕橋《まくらばし》　現在の東京都墨田区吾妻橋《あづまばし》一～二丁目と向島《むこうじま》一丁目を結ぶ北十間川《きたじゅっけんがわ》に架《か》かる橋。寛文《かんぶん》二年（一六六二）に架橋《かきょう》され、最初は源森橋《げんもりばし》または源兵衛橋《げんべえばし》と呼ばれていたが、橋の北にあった水戸藩の下屋敷《しもやしき》（現在の隅田《すみだ》公園）に入る掘割《ほりわり》に小橋が架かり、二つ並んでいたことから枕橋と呼ばれるようになった。明治八年（一八七五）に枕橋が正式名となり、東にあった橋が源森橋となった。

首が回らない　ここでは、借金でどうしようもない状態。

女郎《じょろう》　遊廓で客と枕をともにした女。遊女《ゆうじょ》。花魁《おいらん》。娼妓《しょうぎ》。

手間取《てまど》り　手間賃《てまちん》（手間に対して支払われる賃金）をもらって雇《やと》われること。また、その人。

命に別状《べつじょう》はない　身が危険《きけん》にさらされた際に、命に関わることではない。

切手《きって》　ここでは、今で言う商品券のこと。

角樽《つのだる》　角のような大きな柄《え》をつけ、胴《どう》を朱《しゅ》や黒の漆《うるし》で塗《ぬ》り、祝儀《しゅうぎ》のときの進物《しんもつ》として酒を贈《おく》るのに用いた。

後見《こうけん》　後ろ盾《うしろだて》となって面倒《めんどう》をみること。特に幼《おさな》い者の代理となって補佐《ほさ》する（サポートする）こと。

鏝《こて》　壁などを塗《ぬ》り、表面を仕上げるのに使う道具。

四《よ》つ手《で》の駕籠《かご》

→四《よ》つ手駕籠《でかご》　駕籠の一種で、四本の竹を四隅《よすみ》の柱とし、竹を編んでつくった粗末《そまつ》な駕籠。庶民が利用した。

矢も楯《たて》もいられない

→矢も盾もたまらない　思い詰《つ》めて、こらえることができない。気がせいて、じっとしていられない。

法被《はっぴ》　江戸時代、武家の中間《ちゅうげん》（城門の警固などに携わった奉公人）や職人などが着た表着《おもてぎ》の一種で、長着《ながぎ》（裾《すそ》まである和服）の上に羽織《はお》る、膝丈《ひざたけ》または腰丈《こしだけ》の衣服。

麹町貝坂《こうじまちかいざか》　現在の東京都千代田区平河町《ひらかわちょう》一〜二丁目にある坂で、古くは甲斐坂《かいざか》といった。現在も都道府県会館の東側から新宿通りにかけて坂がある。

元結《もっとい》　髪《かみ》を頭の上に集めて束《たば》ねた髻《もとどり》を結び束《たば》ねる紐《ひも》。古くは麻糸《あさいと》や組紐《くみひも》などを用いたが、近世に入り、紙縒《こより》（和紙を細く折りたたんだり、撚《よ》ったりしたもの）に布《ふ》海苔《のり》などを練り合わせた接着剤を塗《ぬ》り上げ、それを乾燥させてから、改めて米でつくった糊《のり》を塗って仕上げたものを用いるようになった。もとゆい。

主な参考文献

『圓生全集』（青蛙房）
『円朝全集』（岩波書店）
『桂文楽全集』（立風書房）
『金原亭馬生集成』（旺国社）
『五代目古今亭志ん生全集』（弘文出版）
『三遊亭圓朝全集』（角川書店）
『古典・新作　落語事典』瀧口雅仁（丸善出版）

編集協力者
瀧　口　理　恵
神　谷　桜　子
枡　居　　　奏

さくいん

あ行

か行

顔を立てる　16
かかしになる　47
書付《かきつけ》　15
掛《か》け茶屋《ぢゃや》　100
葛西《かさい》　145
家作《かさく》　47
がさつ　33
河岸《かし》　77
堅気《かたぎ》　165
角《かど》が立つ　17
釜《かま》の蓋《ふた》が開《あ》かない　77
茅場町《かやばちょう》のお薬師様《やくしさま》　63
からげる　16
川崎の大師《だいし》さん　32
厠《かわや》　144
癇《かん》がたかぶる　63
雁首《がんくび》　77
願書《がんしょ》　16
勘定《かんじょう》ができめぇ　78
神田竪大工町《かんだたてだいくちょう》　15
疳《かん》の虫　15

帰参《きさん》　122
煙管《きせる》　77
吉日《きちじつ》　122
切手《きって》　166
木場《きば》　47
御意《ぎょい》に入《い》る　101
御意に召《め》す　→御意に入る
清き明《あか》き心　122
清元《きよもと》　144
切通《きりどお》し坂　122
切通しの鐘《かね》　77
切通しの坂　→切通し坂
義理の悪い　165

屑屋《くずや》　100
口答《くちごた》え　63
久能山《くのうさん》　32
首が回らない　166
愚弄《ぐろう》　101

芸者《げいしゃ》　63
けじめ喰《く》らって　16
険《けん》がある　63
喧嘩《けんか》に花が咲く　16
玄翁《げんのう》　47

後見《こうけん》　166
麹町貝坂《こうじまちかいざか》　166
江州《ごうしゅう》　121
小梅《こうめ》　121
小梅の水戸様《みとさま》　165
公用人《こうようにん》　16
声柄《こえがら》　63
心だて　63
腰障子《こししょうじ》　15
腰巻《こしまき》　164
御前試合《ごぜんじあい》　101
鏝《こて》　166
事を欠く　63
こましゃくれる　32
菰《こも》　78
こより　144
金毘羅様《こんぴらさま》　17
金輪際《こんりんざい》　165

さ行

才覚《さいかく》　165
裁断《さいだん》　17
左官《さかん》　15, 164
ささくれる　16

里心《さとごころ》　32
讃岐《さぬき》の金毘羅《こんぴら》さん　33
差配《さはい》　144
去る者は日々《ひび》に疎《うと》し　32
讒言《ざんげん》　121

敷居《しきい》が鴨居《かもい》になる　→敷居が高い
敷居が高い　164
しけこむ　164
自身番《じしんばん》　17
静岡の浅間様《せんげんさま》　32
質受《しちう》け　165
七転八倒《しちてんばっとう》　145
質両替商《しちりょうがえしょう》　→両替商
七輪《しちりん》　47
十手《じって》　16
指南《しなん》　100
指南番《しなんばん》　101
紗《しゃ》　144
蛇《じゃ》の目《め》　→蛇の目傘《がさ》
蛇の目傘　122
情状酌量《じょうじょうしゃくりょう》　15
精進落《しょうじんお》とし　47
女郎《じょろう》　166
白壁町《しらかべちょう》　15
白洲《しらす》　16
仁義《じんぎ》を切る　33
信心《しんじん》　63
身代《しんだい》　145
人力車《じんりきしゃ》　63

姿見《すがたみ》　63
煤払《すすはら》い　122

清正公様《せいしょうこうさま》　100
清廉潔白《せいれんけっぱく》　100, 121
籍《せき》　63
赤貧洗《せきひん》う　→赤貧洗うが如《ごと》し
赤貧洗うが如し　122
世知辛《せちがら》い　164
銭《ぜに》じゃないよ、小粒《こつぶ》だよ　77
浅草寺《せんそうじ》　63
栴檀《せんだん》　145
膳部《ぜんぶ》　17

宗十郎頭巾《そうじゅうろうずきん》　122
瘡毒《そうどく》　→梅毒《ばいどく》
相場《そうば》　17
素読《そどく》　100

た行

幇間《たいこもち》　144
大小《だいしょう》　122
畳《たたみ》の新しいのと……　78
店子《たなこ》　16
達磨横町《だるまよこちょう》　164
たわけたこと　100
啖呵《たんか》を切る　16

逐電《ちくでん》　101
忠《ちゅう》　33
手水《ちょうず》　122
打擲《ちょうちゃく》　17

柄袋《つかぶくろ》　122
角樽《つのだる》　166
面当《つらあ》て　63
貞女《ていじょ》　63

手に取るなやはり野に置け蓮華草《れんげそう》　47
手は見せん　101
手間取《てまど》り　166
天竺《てんじく》　145

天秤棒《てんびんぼう》　77

同心《どうしん》　17
灯明《とうみょう》　17
棟梁《とうりょう》　17, 47
土手《どて》　→土手八丁《はっちょう》
土手八丁　165
どぶ板　33
弔《とむら》い　47
豊川《とよかわ》の御本社《ごほんしゃ》　33
取り込み　164

な行

長合羽《なががっぱ》　122
流す　63
仲見世《なかみせ》　63
生業《なりわい》　100

仁王門《におうもん》　63
日参《にっさん》　63
二度と敷居《しきい》はまたがせねえ　15
人三化七《にんさんばけしち》　63

ネコババ　17, 33

は行

梅毒《ばいどく》　101
売卜《ばいぼく》　100
葉茶屋《はじゃや》　144
八丁堀《はっちょうぼり》　63
法被《はっぴ》　166
花茣蓙《はなござ》　121
花は桜木《さくらぎ》、人は武士　101
馬入《ばにゅう》　77
羽田《はねだ》の穴守《あなもり》さん　32
早起きは三文《さんもん》の徳　77
腹籠《はらご》もり　100
半襦袢《はんじゅばん》　164
盤台《はんだい》　77
半町《はんちょう》　145
番町《ばんちょう》　121, 145
半纏《はんてん》　33, 164

日陰《ひかげ》の豆もいつかは弾《はじ》ける
　→日陰の豆も時が来ればはぜる
日陰の豆も時が来ればはぜる　164
彦根《ひこね》　121
火箸《ひばし》　144
緋毛氈《ひもうせん》　145
百年目《ひゃくねんめ》　145
百両のかたに編笠一蓋《あみがさいちがい》　101

福茶《ふくちゃ》　78
不心得者《ふこころえもの》　101
蒲団《ふとん》　145
文箱《ふばこ》　121

ペスト　32
鼈甲《べっこう》　165

奉公《ほうこう》　32
細川様　100
ほぞをかむ　121
棒手振《ぼてふ》り　78
本所《ほんじょ》　164

ま行

枕橋《まくらばし》　145, 165
髷《まげ》　15
待合《まちあい》　63
満願《まんがん》　63

や行

ら行

わ

瀧口雅仁（たきぐち・まさひと）
1971年東京生まれ。演芸評論家。現在，恵泉女学園大学，和光大学講師。おもな著書に『古典・新作 落語事典』（丸善出版），『噺家根問』『落語の達人』『演説歌とフォークソング』（彩流社），『平成落語論』（講談社），『落語を観るならこのDVD』（ポット出版），編著に『八代目正蔵戦中記』（青蛙房）などがある。またCD「現役落語家名演集」（ポニーキャニオン）の監修・解説も担当している。東京都墨田区向島（江戸落語中興の相・烏亭焉馬により「咄の会」が開かれた地）に開設した寄席「墨亭」の席亭を務める。

知っておきたい日本の古典芸能
落　語

令和 元 年 10 月 20 日　発　　行
令和 2 年 5 月 15 日　第 2 刷発行

編著者　瀧　口　雅　仁

発行者　池　田　和　博

発行所　丸善出版株式会社
〒101-0051 東京都千代田区神田神保町二丁目17番
編集：電話(03)3512-3261 ／ FAX(03)3512-3272
営業：電話(03)3512-3256 ／ FAX(03)3512-3270
https://www.maruzen-publishing.co.jp

© Masahito Takiguchi, 2019

組版印刷・藤原印刷株式会社／製本・株式会社 星共社

ISBN 978-4-621-30438-9 C 0376　　Printed in Japan

JCOPY 〈(一社)出版者著作権管理機構 委託出版物〉
本書の無断複写は著作権法上での例外を除き禁じられています．複写される場合は，そのつど事前に，(一社)出版者著作権管理機構（電話 03-5244-5088，FAX 03-5244-5089，e-mail：info@jcopy.or.jp）の許諾を得てください．